Waldemar Erdmann
Philipp Silbernagel

Einstellungstest öffentlicher Dienst, Polizei, Bundeswehr, Zoll und Feuerwehr

Eignungstest und Assessment Center
im Auswahlverfahren bestehen

Plakos

Herausgeber:
Plakos GmbH
Vertretungsberechtigte Geschäftsführer:
Waldemar Erdmann, Philipp Silbernagel
Sitz: D-23858 Barnitz, Westerauer Straße 12
Redaktion: Sonja Waldschuk

Website und Kontakt:
www.plakos-akademie.de
YouTube: Plakos
Facebook: PlakosTests
E-Mail: *info@plakos.de*

Verlag: Henrich Druck + Medien GmbH
Druck und buchbinderische Verarbeitung:
Henrich Druck + Medien GmbH, Frankfurt am Main
Printed in Germany
ISBN 978-3-943407-90-7

Bildnachweise Umschlag und Cover:
© Stockfoto-ID: 91538843 Copyright: liravega
bigstockphoto.com
© vgstudio fotolia.com

Sonstige Abbildungen im Buch wurden von Plakos erstellt.

Einstellungstest öffentlicher Dienst, Polizei, Bundeswehr, Zoll und Feuerwehr

Die Plakos GmbH hat bereits tausende Bewerber mit Büchern, Online-Kursen, Apps und Seminaren auf Einstellungstests und Assessment Center vorbereitet. Die angesehenen Online-Tests von Plakos wurden millionenfach absolviert. Dieses Buch dient zur Vorbereitung auf den Einstellungstest.

Dein Feedback ist uns wichtig!

Sollten dir Fehler in diesem Buch auffallen oder solltest du unzufrieden mit den Inhalten oder einem unserer Produkte sein, so schreibe uns gerne eine E-Mail an *phil@plakos.de*. Wir antworten schnellstmöglich!

4. Auflage
Waldemar Erdmann
Philipp Silbernagel

Danksagung

Unser Dank gilt vor allem den Bewerberinnen und Bewerbern, die mit ihren zahlreichen Zuschriften, Erfahrungsberichten und Verbesserungsvorschlägen dieses Buch erst möglich gemacht haben. Vielen Dank für eure Kommentare und Nachrichten auf YouTube und Facebook und anderen Kanälen!

Außerdem bedanken wir uns bei allen internen und externen Mitarbeitern und Mitarbeiterinnen, welche einen wesentlichen Anteil an dem Buch hatten, dazu gehören insbesondere Sarah Lisa Hoss, Oliver Silbernagel, Dorena Nellen, Johanna Dittl, Julia Maus, Katharina Titz, Sonja Waldschuk und Paul Dix.

Genauso sprechen wir dem Verlag „Henrich Druck + Medien" unseren Dank aus, welcher uns bei der Herausgabe und Veröffentlichung dieses Buches tatkräftig unterstützte.

Inhaltsverzeichnis

Inhaltsverzeichnis

Über die Autoren

Waldemar Erdmann ist Geschäftsführer der Plakos GmbH, welche bereits seit über einem Jahrzehnt erfolgreich Webseiten für Karriereberatung und Online-Tests betreibt. Er machte seinen Abschluss an der Fachhochschule Würzburg zum Thema Skills Management Software. Er hat zahlreiche Bücher und Artikel zum Thema Eignungstests und Auswahlverfahren verfasst. Darüber hinaus entwickelt Waldemar eigenständig Apps und Online-Tests, welche Bewerber auf verschiedenste Auswahlverfahren vorbereiten. Heute lebt er mit seiner Familie in der schönen Hansestadt Lübeck.

Philipp Silbernagel ist ebenfalls Geschäftsführer der Plakos GmbH und hat mit seinen Online-Kursen bereits tausende Bewerber auf Einstellungstests vorbereitet. Er hat Elektro- und Informationstechnik an der TU München studiert und war unter anderem für einen der größten Energie- und Automatisierungskonzerne der Welt im Bereich Softwareentwicklung tätig. Bereits während des Studiums hat Philipp sein erstes eigenes Unternehmen gegründet und mehrere Mitarbeiter beschäftigt. Für die Gründung wurde er mit dem IFE Gründerpreis ausgezeichnet.

Vorbereitung auf Einstellungstests

Wenn du dieses Buch in den Händen hältst, interessierst du dich vermutlich für die Bundeswehr, die Polizei, die Feuerwehr oder den Zoll als spannenden und überaus reizvollen Arbeitgeber. Ist deinerseits die Entscheidung für einen Arbeitgeber gefallen, muss der Arbeitgeber sich noch für dich entscheiden. Damit du zuversichtlich und selbstbewusst in das Auswahlverfahren gehen kannst, haben wir die wichtigsten Übungsaufgaben für dich so kompakt wie möglich zusammengefasst. Außerdem findest du einige Erfahrungsberichte am Ende dieses Buches, welche dir einen kleinen Einblick in das Auswahlverfahren anderer Bewerber gewähren.

Das Auswahlverfahren und der Einstellungstest

Zum Auswahlverfahren im öffentlichen Dienst gehören unter anderem schriftliche oder computergestützte Einstellungstests. Hier versuchen Unternehmen und Behörden zu überprüfen, ob die Bewerber auch wirklich die Eignung für das gewünschte Einsatzgebiet haben. Die Tests werden entweder im Rahmen eines Assessment Centers durchgeführt oder sie dienen als Grundlage für das spätere persönliche Gespräch.

Der typische Ablauf eines Einstellungstests

Generell unterscheiden sich Einstellungstests dahingehend, in welcher Branche und für welches spätere Einsatzgebiet man sich bewirbt. Die Länge und die Aufgaben lassen sich nicht grundsätzlich verallgemeinern. Trotzdem gibt es oft gewisse Ähnlichkeiten im Ablauf. In der Regel überprüfen Unternehmen die Eignung ihrer Kandidaten in Gruppen. Es kann also sein, dass Bewerber schon beim Auswahlverfahren auf spätere Kollegen treffen. Die Gruppen werden typischerweise von mehreren

Personen geleitet. Hierbei handelt es sich oft um spätere Vorgesetzte und Personalentscheider. In manchen Einsatz-gebieten nehmen zudem Psychologen teil. Nachdem man sich vorgestellt hat, werden die schriftlichen Tests ausgeteilt oder die PC-Arbeitsplätze zugewiesen. Umfang und Aufgaben schwanken je nach Arbeitgeber und Branche. Im Grunde genommen lässt sich der Test oft wie eine Abschlussprüfung in der Schule betrachten. So werden Inhalte aus verschiedenen Schulfächern wie Mathe oder Deutsch sowie die Allgemeinbildung (Geschichte, Politik, Erdkunde etc.) überprüft. Dazu kommt mitunter ein spezieller Prüfungsbereich, der sich nach dem Einsatzgebiet richtet.

Neben schriftlichen Aufgabenstellungen und Tests am PC beinhaltet beinahe jedes Auswahlverfahren eine oder mehrere Gruppenübungen wie Rollenspiele, Case Studies, Postkorbübungen, Planspiele und Präsentationen. Häufig müssen Bewerber bereits zu Beginn sich der Gruppe persönlich vorstellen, wobei einem für diese Präsentation nicht mehr als zehn Minuten zur Verfügung stehen. Näheres über die Vorbereitung auf das Assessment Center findest du in unseren Online-Paketen.

Um den Einstellungstest erfolgreich zu bestehen, sollten einige Dinge beachtet werden. Wichtig ist beispielsweise das persönliche Auftreten. Es handelt sich beim Einstellungstest, im Gegensatz zu einer Abschlussprüfung, nicht um einen reinen Wissenstest. Um einen guten Eindruck zu hinterlassen, empfiehlt sich daher ein gepflegtes Äußeres. Zudem sollten Bewerber sich bei der Vorstellung freundlich und höflich zeigen.

Darüber hinaus unterscheidet sich ein Eignungstest von einer Abschlussprüfung auch in Hinblick auf das Zeitmanagement. Eine Prüfung ist zeitlich darauf ausgelegt, dass alle Fragen beantwortet werden können. Bei einem Eignungstest ist dies nicht notwendigerweise der Fall. Oft ist die Zeit absichtlich zu knapp bemessen. Auf diese Weise sollen das Zeitmanagement, die

Stressresistenz und die Frustrationstoleranz überprüft werden. Nicht ohne Grund beobachten in der Regel gleich mehrere Verantwortliche des Unternehmens den Test. Bewerber sollten sich daher nicht zu lange mit einer Frage oder sogar einem ganzen Prüfungsbereich aufhalten. Hat man die Antwort nicht sofort, lohnt es sich, die Aufgabe zu überspringen und mit anderen Aufgaben weiterzumachen.

Optimale Vorbereitung auf den Einstellungstest

Wie bei einer Schul- oder Abschlussprüfung kann man sich durchaus auf einen Einstellungstest vorbereiten. Zunächst einmal hilft Bewerbern eine breite Allgemeinbildung weiter. Überprüft werden darüber hinaus mathematisches und logisches Denken, Sprachgefühl, Ausdrucksfähigkeit und Konzentration. Je nach Einsatzgebiet kommt zudem ein spezieller Prüfungsbereich dazu. Bei der Polizei gibt es beispielsweise in vielen Bundesländern einen Sporttest, um die körperliche Leistungsfähigkeit zu prüfen.

Neben den Aufgaben aus dem eigentlichen Einstellungstest sind die sogenannten Soft Skills ebenfalls nicht zu vernachlässigen. Diese spielen bei der Eignung für einen Beruf eine zunehmend wichtige Rolle. Kommunikation, Auftreten und die Körpersprache sind daher ebenfalls nicht zu vernachlässigen.

All diese Themen lassen sich üben und erlernen. In diesem Buch finden sich zahlreiche Übungen, mit denen du dich ganz konkret auf den Einstellungstest vorbereiten kannst. Wichtig ist hierbei, dass alle relevanten Aufgaben sorgfältig durchgearbeitet werden. Für eine verbesserte kritische Selbstreflexion der Ergebnisse sind Lösungsansätze für die schwierigsten Aufgaben neu in dieser Ausgabe beigefügt. Die Aufgaben in diesem Buch sind in fünf Segmente unterteilt: Allgemeinwissen, Logik, Konzentration, Sprache und Fachwissen.

Vorbereitung mit Online-Inhalten

Es ist immer sinnvoll, sich auch im Internet über den Einstellungstest des eigenen Berufs zu informieren. Auf *plakos.de* und dem zugehörigen YouTube-Kanal – Plakos (per Suchfunktion), der mittlerweile Aufrufe im sechsstelligen Bereich aufzuzeigen hat, gibt es viele Informationen zu verschiedenen Berufen und kostenfreie Tests zur Vorbereitung. In den Kommentaren tauschen sich Bewerber oft untereinander aus und erzählen von eigenen Erfahrungen. Das Team von Plakos steht übrigens bei Fragen auch direkt über den Facebook Messenger auf der eigenen Facebookseite – *@plakosTests* (per Suchfunktion) – zur Verfügung. Über die Facebook-Seite werden stets Updates über Assessment Center gepostet oder neue kostenfreie Tests bereitgestellt.

Wir empfehlen dir außerdem unsere kostenlosen Facebook-Gruppen zum Austausch mit tausenden anderen Bewerbern:

Polizei und Zoll: *facebook.com/groups/polizeieinstellungstest*
Bundeswehr: *facebook.com/groups/bundeswehreinstellungstest*
Feuerwehr: *facebook.com/groups/einstellungstestfeuerwehr*

Viele Bewerber fühlen sich nach dem Durcharbeiten dieses Buches viel sicherer. Falls trotzdem noch Nervosität oder Ängste vorhanden sein sollten oder eine noch intensivere und effizientere Vorbereitung erwünscht ist, gibt es die Möglichkeit, mit interaktiven Online-Trainings weiter zu üben. Die Online-Bewerber-Trainings auf *www.plakos-akademie.de* wurden bereits von tausenden Bewerbern durchlaufen und stellen eine sinnvolle Ergänzung zum Buch dar, da hier auch individuelle Fragen von Nutzern beantwortet werden können und mehrere Stunden Videomaterial mit wichtigen Inhalten zu den Themen Vorstellungsgespräch und Assessment Center zur Verfügung gestellt sind.

Am Ende des Buches wird das Online-Programm mit Screenshots im Detail vorgestellt. Dort findest du außerdem einen Gutscheincode für unsere Online-Trainings im Wert von 20 Euro. Nun wünschen wir dir viel Erfolg bei den Aufgaben! Bei weiteren Fragen kannst du uns gerne jederzeit eine E-Mail schreiben an: *phil@plakos.de*

Lösungs- und Bearbeitungshinweise

Du erhältst bei besonders kniffligen Aufgaben im Buch zusätzliche Lösungshinweise im Netz unter *www.plakos-akademie.de*. Dort haben wir je Berufsgruppe zusätzliche Erfahrungsberichte verlinkt und du kannst uns über die Kommentarfunktion direkt Fragen zu bestimmten Aufgaben stellen.

Bevor es losgeht, solltest du wissen, dass dieses Buch nicht von vorn bis hinten bearbeitet werden muss. Je nachdem, für welchen Beruf du dich interessierst, solltest du dich bei deiner Einstellungstest-Vorbereitung auf bestimmte Themen konzentrieren. Wir haben für dich dutzende von Erfahrungsberichten von Bewerbern ausgewertet und die Themen nach Berufen kategorisiert. Neben den einzelnen Themen sind Kreise abgebildet. Die Farbkreise haben folgende Bedeutungen:

blau – wichtig für die Polizei
grün – wichtig für die Bundeswehr
schwarz – wichtig für den öffentlichen Dienst
rot – wichtig für die Feuerwehr
gelb – wichtig für den Zoll

Ist die Kreisfarbe kleiner abgebildet, bedeutet es, dass diese Prüfungsaufgaben entweder nicht sehr häufig abgefragt werden oder nicht so stark gewichtet sind. Ist die Kreisfarbe nicht vorhanden, bedeutet es, dass diese Prüfungsaufgaben im Einstellungstest eher nicht abgefragt werden. Wir empfehlen jeder Bewerberin und jedem Bewerber aber, möglichst jede Aufgabe aus diesem Buch durchzuarbeiten. Am Ende ist es ratsamer, eher zu viele als zu wenige Aufgaben geübt zu haben.

Allgemeinwissen

Sowohl im Einstellungstest als auch im Assessment Center werden häufig Fragen zum Thema Allgemeinwissen gestellt. Da sich Aufgaben aus dem Bereich Allgemeinwissen nicht durch logisches Denken lösen lassen, ist entsprechendes Vorwissen sehr wichtig.

Welche Fragen und Aufgaben kommen dran?

Wie auch in anderen Bereichen des Einstellungstests kann Allgemeinwissen nicht von einem auf den anderen Tag erlernt werden. Allgemeinwissen muss kontinuierlich aufgebaut, aktualisiert und erweitert werden.

Beispiel

Wie kannst du dich nun optimal auf diesen Teil vorbereiten, wenn dir wenig Zeit bleibt? Es gibt sehr viele Fragen, die immer wieder in Einstellungstests gestellt werden. Zum einen handelt es sich dabei um Fragen zu historischen Themen, zum Beispiel „Wann war die Wiedervereinigung?“, und zum anderen werden Fragen zum aktuellen Zeitgeschehen gestellt.

Beispiel: „Wer ist aktuell Verteidigungsminister/in?“

Je nach Beruf musst du auch fachspezifisches Wissen mitbringen. Wenn du dich beispielsweise für einen technischen Beruf bewirbst, solltest du Grundlagenwissen im Bereich Natur und Technik mitbringen.

Unsere Empfehlungen zur Vorbereitung

Wir empfehlen dir für deine Vorbereitungen die folgenden Multiple-Choice-Fragen akribisch durchzuarbeiten und am besten täglich Zeitung zu lesen.

Das Segment „Allgemeinwissen" wird hier thematisch unterteilt. Die Aufgaben unterscheiden sich in zwei Aufgabentypen. Dir wird entweder ein Satz vorgegeben, welcher durch a, b, c oder d ergänzt werden muss oder es muss eine Frage richtig beantwortet werden. Es gibt zu jeder Aufgabe nur eine richtige Lösung. Die Lösungen zu den Aufgaben findest du jeweils am Ende des Unterkapitels

Recht

1. Die sogenannte Judikative ist die ...
a) ausführende Gewalt.
b) richterliche Gewalt.
c) gesetzgebende Gewalt.
d) gesetzliche Gewalt.

2. Für wen hat der Gesetzgeber im Strafrecht eigens eine besondere Regelung eingeführt?
a) Kronzeuge
b) Kronprinz
c) Kronleuchter
d) Kronkorken

3. Welchen Zweck verfolgen die Grundrechte primär?
a) den Schutz von Bürgern untereinander
b) den Schutz des Bürgers vor juristischen Personen
c) den Schutz des Bürgers vor Eingriffen des Staates
d) den Schutz des Staates vor den Bürgern
e) Keine Antwort ist richtig.

4. Welche Bedeutung hat die Abkürzung „StPO“?
a) Strafpolizeiordnung
b) Steuerpolizeiordnung
c) Strafprozessordnung
d) Straßenverkehrsordnung
e) Staatspolizeiorganisation

5. Ab welchem Alter ist man grundsätzlich durch die Grundrechte geschützt?
a) Geburt
b) acht
c) 14
d) 21
e) 18

6. Welche Frage wirft der Begriff der Rechtsgeltung auf?
a) die Frage der Wiedergutmachung durch Gesetze
b) die Frage nach der Gültigkeit von Gesetzen
c) die Frage nach der Verurteilung aufgrund von Gesetzen

7. Welches Gericht wird grundsätzlich bei Streitigkeiten auf dem Gebiet des öffentlichen Rechts angerufen?
a) Zivilgericht
b) Verwaltungsgericht
c) Keine Antwort ist richtig.
d) Schiedsgericht
e) Strafgericht

8. Ein Kaufvertrag verpflichtet den Verkäufer zur ...
a) Lieferung der Ware.
b) Begleichung des Kaufpreises.
c) Aushändigung eines Lieferscheins.
d) Übergabe der Kaufsache.

9. Welche der folgenden Tatbestände beschreibt eine Körperverletzung?
a) auf die Schulter klopfen
b) das Abschneiden der Haare im Schlaf
c) im Schulunterricht andere SchülerInnen mit Papierkügelchen bewerfen
d) angewiderter Blick

10. Was bedeutet die Gewaltenteilung?
a) historischer Begriff für eine Militärdiktatur
b) Mittel zur Machtbegrenzung und Sicherung von Freiheit und Gleichheit
c) Gesetz, das jedem Bundesbürger untersagt, alleine Gewalt anzuwenden
d) Prinzip, nach dem Polizeibeamte bei gewalttätigen Eingriffen vorgehen müssen

11. Wo hat der Europäische Gerichtshof für Menschenrechte seinen Sitz?
a) Den Haag
b) Straßburg
c) Brüssel
d) Luxemburg

12. Was besagt der sogenannte „Taschengeldparagraph"?
a) Minderjährigen ist ein Taschengeld von den Eltern zu gewähren.
b) Keine Antwort ist richtig.
c) Minderjährige können Taschengeld vom Staat verlangen.
d) Grundsätzlich muss kein Taschengeld bezahlt werden.
e) Ein Minderjähriger kann grundsätzlich mit seinem Taschengeld einen wirksamen Vertrag schließen.

13. Was ist ein positives Recht?
a) ein Gesetz, das negative Auswirkungen hat
b) ein vom Menschen gesetztes Recht
c) ein von der Natur gesetztes Recht
d) ein Gesetz, das positive Auswirkungen hat

14. Was ist soziologisch gesehen keine Funktion eines funktionierenden Rechtssystems?
a) Gerechtigkeit
b) Frieden
c) Freiheit
d) Kontrolle

15. Mit welchem Alter gilt man in Deutschland als unbeschränkt geschäftsfähig im Sinne des Bürgerlichen Gesetzbuches?
a) mit Vollendung der Geburt
b) mit 14 Jahren
c) mit sieben Jahren
d) mit 18 Jahren
e) mit 21 Jahren

16. Die Polizei ist Teil der ...
a) Judikative.
b) Exekutive.
c) Legislative.

17. Wer oder was wird auch als „Hüter der Verfassung“ bezeichnet?
a) Bundeskriminalamt
b) Bundespräsident
c) Bundesrat
d) Bundeskanzler
e) Bundesverfassungsgericht

18. Wann trat das Grundgesetz der Bundesrepublik Deutschland in Kraft?
a) 23.05.1949
b) 17.08.1945
c) 01.01.1990
d) 01.01.1946

Lösungen: Recht

1. b)	7. b)	13. b)
2. a)	8. a)	14. a)
3. c)	9. b)	15. d)
4. c)	10. b)	16. b)
5. a)	11. b)	17. e)
6. b)	12. e)	18. a)

Politik und Gesellschaft

1. Der Bundesrat ...
a) hat die Ablösung der Regierung als Ziel.
b) hat eine Gesetzgebungsfunktion.
c) besteht aus Bundestagsabgeordneten.
d) vertritt die Bundesländer im Bund.

2. Aus welchem Land kamen die ersten Gastarbeiter / Gastarbeiterinnen in die Bundesrepublik Deutschland?
a) Italien
b) Spanien
c) Portugal
d) Türkei

3. Volkssouveränität bedeutet, ...
a) wichtige Beschlüsse kommen durch einen Volksentscheid zustande.
b) die Würde des Volkes ist unantastbar.
c) die Staatsgrenzen dürfen von anderen Völkern nicht verletzt werden.
d) alle Gewalt geht vom Volk aus.

4. Wie heißt die Wirtschaftsordnung der Bundesrepublik Deutschland?
a) freie Zentralwirtschaft
b) soziale Planwirtschaft
c) soziale Marktwirtschaft
d) freie Marktwirtschaft

5. Wofür steht die Abkürzung NATO?
a) North Atlantic Treaty Organization
b) North American Tactical Operations
c) North Atlantic Trade Organization
d) North American Trade Organization

6. Wer war Begründer der modernen Evolutionstheorie?
a) Jean-Baptiste de Lamarck
b) Francis Crick
c) Gregor Mendel
d) Charles Robert Darwin

7. Welcher Partei gehörte der erste Bundespräsident der Bundesrepublik Deutschland an?
a) CSU
b) CDU
c) FDP
d) SPD

8. Was besagt das Schengener Abkommen?
a) Teil der Verfassung der Europäischen Union
b) Aufhebung der Zoll- und Grenzkontrollen zwischen Ländern
c) Abkommen, das alle Mitglieder der Europäischen Union unterschreiben müssen
d) Verordnung der Europäischen Kommission zur Vereinheitlichung der Grenzübergänge

9. Wer ist oberste/r Dienstherr/in der Polizei in einem Bundesland?
a) Justizminister/in
b) Innenminister/in
c) Kultusminister/in
d) Finanzminister/in

10. Wer wählt den/die Bundeskanzler/in?
a) Bundestag
b) Volk
c) Bundesrat
d) Bundespräsident/in

11. Ab welchem Alter dürfen deutsche Staatsbürger bei der Bundestagswahl wählen?
a) 18 Jahre
b) 14 Jahre
c) 21 Jahre
d) 16 Jahre

12. In Deutschland gibt es keinen Vizepräsidenten. Wer muss die Vertretung übernehmen, falls der/die Bundespräsident/in verhindert ist?
a) der/die Bundesratspräsident/in
b) ein vom/von der Bundespräsidenten/in bestellte/r Vertreter/in
c) der/die Zweitgereihte der letzten Wahl
d) der/die Bundeskanzler/in

13. Die Anzahl der Stimmen eines Bundeslandes im Bundesrat hängt ab von ...
a) der Gesamtzahl der Stimmen.
b) der Fläche des Bundeslandes.
c) der Einwohnerzahl des Bundeslandes
d) der Wahlbeteiligung der Bürger im jeweiligen Bundesland.

14. Von wem stammt der Text der deutschen Nationalhymne?
a) Johann Wolfgang von Goethe
b) Ludwig van Beethoven
c) Friedrich Schiller
d) August Heinrich Hoffmann von Fallersleben

15. Was bedeutet Demokratie wörtlich?
a) Herrschaft der Regierung
b) Herrschaft des Volkes
c) Herrschaft der Mehrheit
d) Herrschaft der Menschen

16. Die Richter des Bundesverfassungsgerichts werden ...
a) Keine Antwort ist richtig.
b) vom/von der Bundespräsidenten/in und vom Bundestag gewählt.
c) vom Bundestag und vom Bundesrat gewählt.
d) vom Volk gewählt.

17. Wie setzt sich die deutsche Bundesregierung zusammen?
a) Kanzler/in und Bundesminister/innen
b) Kanzler/in und Bundespräsident/in
c) Bundestag und Bundesrat
d) Bundesrat und Bundespräsident/in

18. Wer hat keine Befugnis, einen Gesetzesentwurf einzubringen?
a) Bundestag
b) Bundespräsident/in
c) Bundesrat
d) Bundesregierung

19. Wie viele deutsche Bundesländer gibt es?
a) 15
b) 16
c) 22
d) 11

20. Wie heißt die Zusammenarbeit von Parteien zur Bildung einer Regierung?
a) Koalition
b) Ministerium
c) Fraktion
d) Koordination

21. Wie wird das deutsche Regierungssystem bezeichnet?
a) konstitutionelle Monarchie
b) parlamentarische Demokratie
c) Präsidialregime
d) Militärdiktatur

22. Wer war im Jahr 2016 Präsident der Europäischen Kommission?
a) Herman Van Rompuy
b) Martin Schulz
c) Jean-Claude Juncker
d) José Manuel Barroso

23. Welches Land hatte im Jahr 2016 keinen Status als Beitrittskandidat der Europäischen Union?
a) Türkei
b) Ukraine
c) Serbien
d) Albanien

24. Wie hieß der erste Bundespräsident der Bundesrepublik Deutschland?
a) Richard von Weizsäcker
b) Roman Herzog
c) Theodor Heuss
d) Gustav Heinemann

Lösungen: Politik und Gesellschaft

1. d)	9. b)	17. a)
2. a)	10. a)	18. b)
3. d)	11. a)	19. b)
4. c)	12. a)	20. a)
5. a)	13. c)	21. b)
6. d)	14. d)	22. c)
7. c)	15. b)	23. b)
8. b)	16. c)	24. c)

Wirtschaft

1. Wie wird ein Rabatt auf den Rechnungspreis genannt, welcher bei Zahlung innerhalb einer bestimmten Zahlungsfrist gewährt wird?
a) Agio
b) Storno
c) Skonto
d) Just in Time Rabatt

2. Das ökonomische Prinzip besagt, dass ...
a) alle Mittel vernünftig eingesetzt werden müssen, aufgrund von Güterknappheit.
b) wir mit gegebenen Mitteln das größtmögliche Ergebnis erzielen müssen.
c) wir mit minimalen Mitteln das vorgegeben Ziel erfüllen müssen.
d) wir das maximale Ergebnis mit minimalen Mitteln erzielen sollen.

3. Eine Hypothek ist nichts anderes als ...
a) ein sehr hoher Scheck.
b) ein Zahlungsversprechen.
c) eine Tilgungsrate.
d) ein Darlehen gegen Sicherheit an Immobilien.

4. Eine Handelsvollmacht mit Rechten und Pflichten bezeichnet man als ...
a) Validität.
b) Satura.
c) Magister.
d) Prokura.

5. Subventionen sind eine Form von ...
a) indirekten Steuern.
b) Schutzzöllen.
c) Investitionsabgaben für Unternehmen.
d) staatlichen Zuschüssen.

6. Als Sozialprodukt bezeichnen wir ...
a) eine gesamtwirtschaftliche Größe der produzierten Sachgüter und Dienstleistungen in einem Jahr.
b) alle Sozialleistungen sowie Ausgaben des Staates und der Haushalte in einer Periode.
c) alle Wertschöpfungsprozesse in einem Unternehmen.
d) Güter und Dienstleistungen, die von Unternehmen den Haushalten zur Verfügung gestellt werden.

7. Das gegensätzliche Wirtschaftssystem zur Planwirtschaft ist die ...
a) Zentralverwaltungswirtschaft.
b) soziale Marktwirtschaft.
c) sozialistische Marktwirtschaft.
d) freie Marktwirtschaft.

8. Welcher CDU-Politiker, der von 1949 bis 1963 das Bundeswirtschaftsministerium leitete, wurde als „Vater des Wirtschaftswunders" berühmt?
a) Ludwig Erhard
b) Konrad Adenauer
c) Kurt Georg Kiesinger
d) Willy Brandt

9. Was löste der New Yorker Börsencrash Ende Oktober 1929 aus?
a) eine Weltwirtschaftskrise
b) einen Zusammenbruch des Tulpenmarktes
c) Das Aufstreben der Nazis in Deutschland
d) Neuwahlen in den USA

10. Was ist unter der Liquidität eines Unternehmens zu verstehen?
a) das Barvermögen
b) Einnahmen des Unternehmens
c) die Kreditwürdigkeit
d) die Zahlungsfähigkeit des Unternehmens

11. In welchem europäischen Staat war 2017 die Wirtschaftskraft pro Kopf am höchsten?
a) Schweden
b) Norwegen
c) Luxemburg
d) Deutschland

12. Welches sind die wichtigsten Einnahmequellen öffentlicher Haushalte?
a) Sozialabgaben und Steuern
b) Spenden
c) Bußgelder
d) Gebühren

13. Welche Länder waren die zwei wichtigsten Handelspartner der Europäischen Union im Jahr 2016?
a) China, USA
b) Indien, Brasilien
c) Schweiz, Norwegen
d) Russland, Saudi-Arabien

14. Wofür lassen sich in der Regel hohe Renditen erwirtschaften?
a) für hohe Anlagebeträge
b) für lange Investitionszeiten
c) für hohe Risiken
d) für hohe Gebühren

15. Insolvenz bedeutet, dass ein Unternehmen ...
a) zahlungsunfähig ist.
b) verkauft worden ist.
c) kreditwürdig ist.
d) gegen Regulierungen verstoßen hat.

16. Welche ist die häufigste Unternehmensform in Deutschland?
a) Einzelunternehmen
b) GmbH
c) AG
d) KG

17. Wo befindet sich der Sitz der Europäischen Zentralbank?
a) Frankfurt am Main
b) Brüssel
c) Den Haag
d) Straßburg

18. Welche Aufgabe hat der Leitzinssatz?
a) Er ist das zentrale Element zur Steuerung der Geldpolitik.
b) Damit kann der/die Konsument/in Kreditangebote von Banken vergleichen.
c) Er dient der Finanzierung des Europäischen Stabilitätsmechanismus.
d) Er regelt die Ausschüttung von Renditen.

Lösungen: Wirtschaft

1. c)	7. d)	13. a)
2. a)	8. a)	14. c)
3. d)	9. a)	15. a)
4. d)	10. d)	16. a)
5. d)	11. c)	17. a)
6. a)	12. a)	18. a)

Geografie

1. Welches Land ist flächenmäßig das zweitgrößte Land der Welt?
a) China
b) Australien
c) Kanada
d) USA

2. Die Hauptstadt von Island heißt ...
a) Helsinki.
b) Dublin.
c) Färöer.
d) Reykjavík.

3. Wo befindet sich der Suezkanal?
a) Panama
b) Israel
c) Papua-Neuguinea
d) Ägypten

4. In welchem lateinamerikanischen Land ist Spanisch NICHT die Amtssprache?
a) Argentinien
b) Brasilien
c) Chile
d) Ecuador

5. Wie heißt die Hauptstadt von Ghana?
a) Kairo
b) Accra
c) Antananarivo
d) Mombasa

6. Welches ist das kleinste Land in Europa?
a) Liechtenstein
b) Vatikanstadt
c) Monaco
d) San Marino

7. In welchem US-Bundesstaat befindet sich das Silicon Valley?
a) Kalifornien
b) Florida
c) New York
d) Washington

8. Welcher Kontinent der Welt ist der bevölkerungsreichste und zugleich auch flächenmäßig der Größte?
a) Asien
b) Australien
c) Amerika
d) Afrika

9. Welcher ist der höchste Berg Europas?
a) Mont Blanc
b) Zugspitze
c) Dufourspitze
d) Großglockner

10. Welcher ist der längste Fluss, der komplett auf französischem Boden verläuft?
a) Seine
b) Loire
c) Garonne
d) Marne

11. Welches Land ist flächenmäßig das größte der Welt?
a) China
b) Australien
c) Russland
d) USA

12. Welche sind sämtliche Nachbarländer, mit denen die Bundesrepublik Deutschland eine Landgrenze teilt?
a) Dänemark, Polen, Tschechische Republik, Österreich, Schweiz, Frankreich, Luxemburg, Belgien, Niederlande
b) Dänemark, Polen, Tschechische Republik, Slowakei, Schweiz, Fürstentum Liechtenstein, Frankreich, Luxemburg, Niederlande
c) Dänemark, Schweden, Polen, Tschechische Republik, Österreich, Schweiz, Frankreich, Luxemburg, Belgien
d) Dänemark, Polen, Russland, Tschechische Republik, Österreich, Schweiz, Frankreich, Belgien, Niederlande

13. Welches der folgenden Länder hat die meisten Einwohner?
a) Indonesien
b) Indien
c) USA
d) Brasilien

14. Welche Fläche hat Deutschland?
a) etwa 420.000 km^2
b) etwa 210.000 km^2
c) etwa 500.000 km^2
d) etwa 360.000 km^2

15. Was ist die Hauptstadt von Argentinien?
a) Bogotá
b) São Paulo
c) Buenos Aires
d) Salvador da Bahia

16. Was ist die Hauptstadt von Indien?
a) Neu-Delhi
b) Kolkata (Kalkutta)
c) Mumbai (Bombay)
d) Bangalore

17. Welche Metropolregion hat die meisten Einwohner?
a) New York
b) Tokio
c) Jakarta
d) Shanghai
e) Mexiko-Stadt

18. Welcher Ozean ist flächenmäßig der größte?
a) Pazifischer Ozean
b) Atlantischer Ozean
c) Indischer Ozean
d) Arktischer Ozean
e) Antarktischer Ozean

19. Welche Stadt ist die Hauptstadt von Serbien?
a) Skopje
b) Belgrad
c) Sarajevo
d) Pristina
e) Ljubljana

20. Die Atmosphäre ist in mehrere Schichten aufgeteilt. Bis zu welcher Höhe spricht man von der Troposphäre?
a) 50 bis 100 Kilometer
b) 0 bis 15 Kilometer
c) 15 bis 50 Kilometer
d) 100 bis 500 Kilometer

21. Welcher See ist der größte der Erde?
a) Kaspisches Meer
b) Victoriasee
c) Baikalsee
d) Michigansee

22. Welches Land gehört nicht zum südostasiatischen wirtschaftlichen und politischen supranationalen Verbund ASEAN (Association of Southeast Asian Nations), der manchmal als südostasiatisches Gegenstück zur Europäischen Union bezeichnet wird?
a) Volksrepublik China
b) Indonesien
c) Thailand
d) Philippinen

Lösungen: Geografie

1. c)	9. a)	17. b)
2. d)	10. b)	18. a)
3. d)	11. c)	19. b)
4. b)	12. a)	20. b)
5. b)	13. b)	21. a)
6. b)	14. d)	22. a)
7. a)	15. c)	
8. a)	16. a)	

Interkulturelles Wissen

1. Die häufigste Infektionskrankheit der Welt ist ...
a) Aids.
b) Malaria.
c) die Grippe.
d) Tuberkulose.

2. Der sogenannte Schalttag fällt immer auf das Datum ...
a) 31. Januar.
b) 31. April.
c) 29. Februar.
d) 31. Juni.

3. Wobei handelt es sich um ein Notsignal im internationalen Funkverkehr?
a) Mayday
b) Down Town
c) Jetset
d) Flower-Power

4. Was haben viele Menschen – völlig unabhängig von ihren finanziellen Verhältnissen?
a) Fax-Sparbuch
b) SMS-Zinsen
c) Twitter-Darlehen
d) E-Mail-Konto

5. In welchem Land leben die meisten Vegetarier?
a) Deutschland
b) Japan
c) Angola
d) Indien

6. Was bezeichnet der Begriff Polytheismus?
a) das genaue Befolgen religiöser Ernährungs- und Kleidungsvorschriften
b) das Darbringen von Tieropfern in religiösen Kontexten
c) die Verehrung einer Vielzahl von Göttern
d) den Glauben an die ewige Wiederkehr des Gleichen

7. Welche Sprache hat die meisten Muttersprachler?
a) Spanisch
b) Englisch
c) Mandarin (Hochchinesisch)
d) Hindi
e) Arabisch

8. Der sogenannte Arabische Frühling begann in ...
a) Tunesien.
b) Maghreb.
c) Libyen.
d) Syrien.

9. Wofür steht der Ramadan?
a) für einen altägyptischen König
b) für den indischen Nationalfeiertag
c) für den Fastenmonat der Muslime
d) für ein asiatisches Volksfest

10. In welchem Land befindet sich der größte Tempelkomplex der Welt, Angkor Wat?
a) Kambodscha
b) Thailand
c) Vietnam
d) Bangladesch

11. Welcher Religion ordnet man den Begriff des Nirvanas zu?
a) Buddhismus
b) Hinduismus
c) Islam
d) Shintō

12. Welches jüdische Fest erinnert an den Auszug der Juden aus Ägypten?
a) Pessach
b) Jom Kippur
c) Chanukka
d) Hoschana Rabba

13. In welchem Land befindet sich die muslimische Pilgerstadt Mekka?
a) Saudi-Arabien
b) Iran
c) Türkei
d) Vereinigte Arabische Emirate

14. Wie groß wird die Weltbevölkerung laut Schätzungen im Jahr 2030 sein?
a) etwa achteinhalb Milliarden
b) etwa acht Milliarden
c) etwa neun Milliarden
d) etwa neuneinhalb Milliarden

15. Wie heißt der brasilianische Kampftanz, den ursprünglich afrikanische Sklaven im Lande praktizierten und der noch heute, weiterentwickelt, als akrobatische Kampfkunst ausgeübt wird?
a) Capoeira
b) Maculelê
c) Baile de la Conquista
d) Moringue

16. Wie heißt die keltische Sprache, die in manchen Gebieten Schottlands, vor allem auf den Hebriden-Inseln und im Westen der Highlands, noch heute als Alltagssprache gebräuchlich ist?
a) Gälisch
b) Walisisch
c) Bretonisch
d) Galatisch

Lösungen: Interkulturelles Wissen

1. c)	7. c)	13. a)
2. c)	8. a)	14. a)
3. a)	9. c)	15. a)
4. d)	10. a)	16. a)
5. d)	11. a)	
6. c)	12. a)	

Kunst, Literatur und Musik

1. „Die Botschaft hör ich wohl, allein mir fehlt der ...“?
a) Beweis.
b) Vaterschaftstest.
c) Absender.
d) Glaube.

2. Das Mondrian-Kleid wurde vom Designer ... entworfen.
a) Wolfgang Joop
b) Yves Saint Laurent
c) Christian Dior
d) Tom Ford

3. „Der Turm der blauen Pferde“ ist ein berühmtes Gemälde von ...
a) Pablo Picasso.
b) Franz Marc.
c) Claude Monet.
d) Gustav Klimt.

4. Welcher Kunstrichtung gehörte der Maler Claude Monet an?
a) Barock
b) Gotik
c) Surrealismus
d) Impressionismus

5. Welcher Maler schuf mit dem Gemälde „Guernica“ die erste Anklage gegen den Luftkrieg?
a) Marc Chagall
b) Joan Miró
c) Pablo Picasso
d) Salvador Dalí

6. In welcher Stadt finden die Festspiele zu Ehren des Komponisten Richard Wagner statt?
a) Bayreuth
b) Bamberg
c) München
d) Nürnberg

7. Welcher Komponist erschuf die Oper „Rigoletto"?
a) Wolfgang Amadeus Mozart
b) Richard Strauss
c) Giuseppe Verdi
d) Richard Wagner

8. Wer wurde als der „King of Pop" bezeichnet?
a) Elvis Presley
b) Mick Jagger
c) Michael Jackson
d) Bob Dylan

9. Welcher amerikanische Autor schrieb „Der alte Mann und das Meer"?
a) Gary Larson
b) Ernest Hemingway
c) Charles Bukowski
d) Jerry Cotton

10. Welche dieser Personen der deutschen Literatur erhielt einen Nobelpreis?
a) Heinrich Böll
b) Hape Kerkeling
c) Alice Schwarzer
d) Martin Walser

11. Wer ist in den Erzählungen von Sir Arthur Conan Doyle der Partner des Meisterdetektivs Sherlock Holmes?
a) Dr. Schiwago
b) Dr. Jekyll
c) Dr. Mabuse
d) Dr. Watson

12. Welches der folgenden Werke stammt von Thomas Mann?
a) Der Tod in Venedig
b) In unserer Zeit
c) Zärtlich ist die Nacht
d) Der Zauberlehrling

13. In welcher Stadt starb Wolfgang Amadeus Mozart 1791?
a) Wien
b) Salzburg
c) München
d) Graz

14. Was ist ein Merkmal des gregorianischen Chorals?
a) Einstimmigkeit
b) Monotonie
c) von Instrumenten begleitet
d) Polyphonie

Lösungen: Kunst, Musik und Literatur

1. d)	6. a)	11. d)
2. b)	7. c)	12. a)
3. b)	8. c)	13. a)
4. d)	9. b)	14. a)
5. c)	10. a)	

Technik

1. Holz ist ein ...
a) Kernbrennstoff.
b) organischer Brennstoff.
c) fossiler Energieträger.
d) Keine Lösung ist richtig.

2. Welche Bezeichnung ist – rein technisch betrachtet – doppelt gemoppelt?
a) Schusswaffe
b) Trommelrevolver
c) Jagdgewehr
d) Sportpistole

3. Um Wechselspannung in eine Gleichspannung umzusetzen, benutzt man ...
a) Pole.
b) Halbleiter.
c) Dioden.
d) Transistoren.

4. Welche Spannung liegt in Deutschland im Normalfall an Steckdosen an?
a) 320 V
b) 230 V
c) 500 V
d) 24 V

5. In welcher Einheit wird der Widerstand gemessen?
a) Ohm
b) Volt
c) Ampere
d) Watt

6. Die kleinste Maßeinheit zur Speicherung oder Übertragung von Daten heißt ...
a) Byte.
b) Bit.
c) 1 KB.
d) 1 MB.

7. Quecksilber ist ein ...
a) flüssiges Metall.
b) Edelmetall.
c) besonders hartes Metall.
d) nicht-metallischer Werkstoff.

8. Bismut ist vor allem ...
a) ein Gemisch.
b) ein Metall.
c) eine Legierung.
d) ein Automodell.

9. Der Ursprung des heutigen Internets liegt im Jahr 1969 in der Entwicklung eines Netzwerks namens ...
a) DATCOM.
b) LAMNET.
c) ARPANET.
d) ARGONET.

10. Die Bewegung von geladenen Teilchen (meist Elektronen) wird auch ...
a) Strom genannt.
b) Watt genannt.
c) Spannung genannt.
d) Volt genannt.

11. Ein Atom besteht aus einem Atomkern und aus einem Mantel zusammengesetzt aus ...

a) Neutronen.
b) Elektronen.
c) Protonen.
d) Atonen.

Lösungen: Technik

1. b)	5. a)	9. c)
2. b)	6. b)	10. a)
3. c)	7. a)	11. b)
4. b)	8. b)	

IT und Elektrotechnik

IT-Grundkenntnisse gehören heute in fast allen Berufen dazu. Gerne stellen euch die Prüfer in dieser Disziplin auf die Probe. Wer sich für eine technische Ausbildung interessiert, sollte sich außerdem mit der Elektrotechnik beschäftigen. Grundlegend dabei sind zum Beispiel die Gebiete der Atome, Magnete, elektrischen Felder und Grundlagen der Schaltungstechnik.

1. Um was für eine Grundschaltung handelt es sich hier?

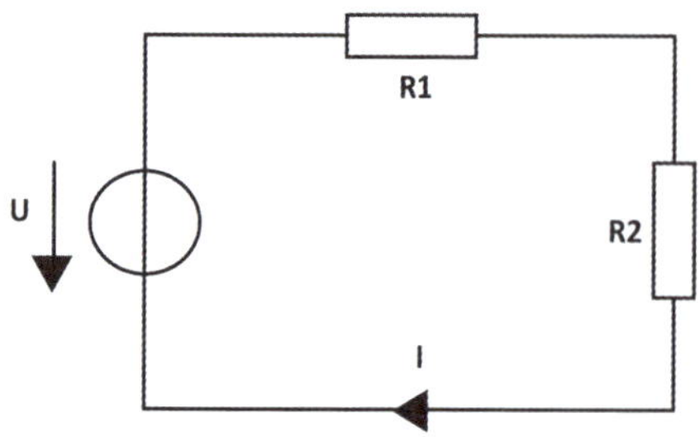

a) Parallelschaltung
b) Reihenschaltung
c) Zirkelschaltung
d) Einstein-Schaltung

2. Wie groß ist der Gesamtwiderstand bei der Schaltung aus Aufgabe 1, wenn R1 = 20 Ohm und R2 = 80 Ohm ist?
a) 100
b) 16
c) 2.080
d) 50

3. Der Gesamtwiderstand der Schaltung aus Aufgabe 1 beträgt nun 100 Ohm. Die Spannungsquelle liefert 10 V.

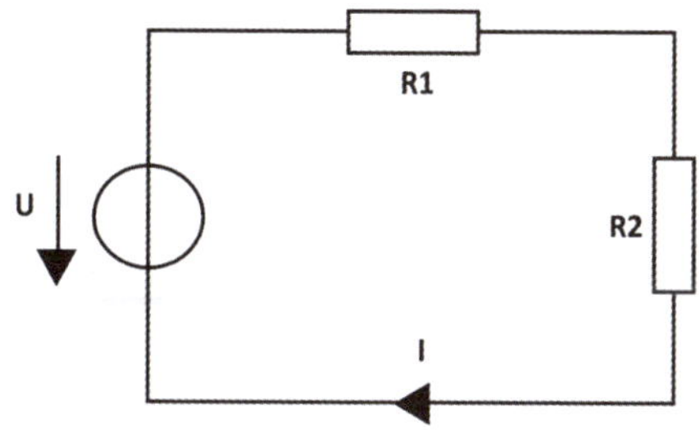

Welcher Strom fließt durch die Widerstände?

a) 0,01 A

b) 1 A

c) 1.000 A

d) 0,1 A

4. Zahlen und Programme sind gespeichert und dargestellt in ...

a) Hexadezimalform.

b) Tertiärform.

c) Binärform.

d) Sedezimalform.

5. In welcher Einheit wird die Spannung angegeben?

a) Kilogramm

b) Ampere

c) Volt

d) Ohm

6. In welcher Einheit wird die elektrische Leistung gemessen?
a) Ampere
b) Volt
c) Ohm
d) Watt

7. Welche Netzfrequenz wird im Stromnetz in Mitteleuropa verwendet?
a) 10 Hz
b) 20 Hz
c) 40 Hz
d) 50 Hz

8. Wie lautet das Ohmsche Gesetz?
a) $P = U \times I$
b) $O = F \times G$
c) $F = m \times a$
d) $U = R \times I$

9. Was passiert, wenn der Widerstand einer Reihenschaltung erhöht wird (Wir gehen von einer Gleichspannungsquelle aus.)?
a) Der Strom verringert sich.
b) Der Strom wird größer.
c) Alle Einheiten bleiben gleich.
d) Der Stromfluss wird gestoppt.

10. Was passiert, wenn zwei Widerstände erst in Reihe geschaltet waren und nun parallel geschaltet werden?
a) Der Gesamtwiderstand erhöht sich.
b) Der Gesamtwiderstand verringert sich.
c) Der Gesamtwiderstand bleibt gleich.
d) Keine der Antworten ist richtig.

11. Ein Rechner besteht im Prinzip immer aus einer Zentraleinheit (CPU), Speicher und ...
a) Prozessor.
b) Netzwerk.
c) Ein- und Ausgabeeinheit.
d) Tastatur.

Lösungen: IT und Elektrotechnik

1. b)	5. c)	9. a)
2. a)	6. d)	10. b)
3. d)	7. d)	11. c)
4. c)	8. d)	

Zu 2.: Da es sich um eine sogenannte Reihenschaltung der Widerstände handelt, muss hier die Summe der Widerstandswerte genommen werden, also R1 + R2 = 20 Ohm + 80 Ohm = 100 Ohm. Deshalb ist Antwort a) richtig.
Zu 3.: $U = R \times I$. Da der Strom I gesucht ist, muss die Formel nach I umgestellt werden: $I = U \div R$. Somit erhalten wir I = 10 V ÷ 100 Ohm = 0,1 A. Antwort d) ist richtig.
Zu 9.: Auch hier können wir zur besseren Erklärung wieder die Formel $U = R \times I$ zur Hilfe nehmen und nach I umstellen. Wir erhalten $I = U \div R$. Wenn nun der Gesamtwiderstand R erhöht wird, so verringert sich der Strom. Deshalb ist Antwort a) richtig.
Zu 10.: b) ist richtig, der Gesamtwiderstand verringert sich. Du kannst dir die Schaltung in diesem Fall wie ein Fluss vorstellen. Ein Widerstand stellt dabei eine Verengung des Flusslaufes dar.

Deutschlandkarte

1. Die Hauptstadt von Hessen heißt …
a) Wiesbaden.
b) Frankfurt am Main.
c) Mainz.
d) Offenbach.

2. Wie viele Städte gibt es in Deutschland?
a) etwa 2.000
b) etwa 3.000
c) etwa 5.000
d) etwa 4.000

3. Welche Abkürzung hat das Bundesland Sachsen-Anhalt?
a) SA
b) SH
c) S
d) ST

4. Welche Sprachen sind in Deutschland auf gesamtstaatlicher Ebene Amtssprachen?
a) Deutsch
b) Deutsch, Englisch
c) Deutsch, Französisch
d) Deutsch, Dänisch

5. Welche Abkürzung hat das Bundesland Brandenburg?
a) BG
b) B
c) BB
d) BR

6. Welches der folgenden Bundesländer grenzt nicht an ein Nachbarland Deutschlands?
a) Sachsen
b) Thüringen
c) Saarland
d) Nordrhein-Westfalen

7. Wo befindet sich Deutschlands größter Hafen?
a) Duisburg
b) Hamburg
c) Bremen
d) Köln

8. Welcher Fluss legt die meisten Kilometer innerhalb Deutschlands zurück?
a) Donau
b) Elbe
c) Weser
d) Rhein

9. Wie lang sind Deutschlands Grenzen?
a) etwa 3.600 Kilometer
b) etwa 2.000 Kilometer
c) etwa 1.700 Kilometer
d) etwa 4.100 Kilometer

10. Wie lang sind Deutschlands Küsten?
a) etwa 700 Kilometer
b) etwa 2.400 Kilometer
c) etwa 1.100 Kilometer
d) etwa 1.800 Kilometer

11. Welche Insel im Mittelmeer wird manchmal scherzhaft als das „17. Bundesland“ der Bundesrepublik Deutschland bezeichnet, weil dort so viele Bundesbürger wohnen?
a) Sardinien
b) Sylt
c) Kreta
d) Mallorca

Lösungen: Deutschlandkarte

1. a)	5. c)	9. a)
2. a)	6. b)	10. b)
3. d)	7. b)	11. d)
4. a)	8. d)	

Geschichte

1. Zu den Siegermächten des Zweiten Weltkriegs gehörten Russland, USA, Großbritannien und ...

a) China.
b) Frankreich.
c) Niederlande.
d) Italien.
e) Spanien.

2. Wann fiel die Berliner Mauer?

a) 9./10. November 1989
b) 3. Oktober 1989
c) 3. Oktober 1990
d) 5. Oktober 1989

3. Die nördlichste Grenze zwischen der BRD und DDR verlief in unmittelbarer Nähe von ...

a) Rügen.
b) Rostock.
c) Travemünde.
d) Kiel.

4. Welches Land gehörte NIEMALS zum Staatsgebiet der ehemaligen jugoslawischen sozialistischen föderativen Republik?

a) Bulgarien
b) Montenegro
c) Kroatien
d) Serbien

5. Der Name „Europa“ leitet sich aus dem Altgriechischen ab und bedeutet so viel wie ...
a) die Frau mit der weiten Sicht.
b) der Wolf mit dem starken Willen.
c) der dunkelblaue Horizont.
d) der führende Stier.

6. Rom ist auch als die ...
a) „Ewige Stadt“ bekannt.
b) „Weite Stadt“ bekannt.
c) „Goldene Stadt“ bekannt.
d) „Stadt der Wölfe“ bekannt.

7. Die Insel, auf welche Napoleon bis zu seinem Lebensende verbannt wurde, heißt ...
a) St. Helena.
b) St. Marie.
c) St. Martin.
d) St. Peter Ording.

8. Die Französische Revolution (1789–1799) stand unter dem Motto ...
a) Freiheit, Einheit, Brüderlichkeit.
b) Freiheit, Gleichheit, Brüderlichkeit.
c) Einheit, Gleichheit, Freiheit.
d) Einheit, Gleichheit, Brüderlichkeit.

9. Das heutige Judentum gibt es seit etwa dem ...
a) 5. Jahrhundert v. Chr.
b) 8. Jahrhundert v. Chr.
c) 20. Jahrhundert v. Chr.
d) 2. Jahrhundert n. Chr.

10. Der Islam ist eine Religion, welche seine Wurzeln hat im ...
a) 3. Jahrhundert n. Chr.
b) 7. Jahrhundert n. Chr..
c) 6. Jahrhundert v. Chr.
d) 10. Jahrhundert v. Chr.

11. Die Anfänge des römischen Reichs gehen geschichtlich zurück bis ins ...
a) 1. Jahrhundert v. Chr.
b) 7. Jahrhundert n. Chr.
c) 6. Jahrhundert n. Chr.
d) 8. Jahrhundert v. Chr.

12. Apollo 13 alarmierte die Bodenstation mit dem legendären Funkspruch: Houston, wir haben ...?
a) Husten.
b) Whitney entführt.
c) ein Problem.
d) Klingonen an Bord.

13. Wie hieß die Reform, die Gorbatschow in der ehemaligen Sowjetunion einleitete?
a) Dafainoika
b) Kolchose
c) Afganoika
d) Perestroika

14. In welchem Jahr wurde die heutige Hauptstadt Berlin durch eine Mauer getrennt?
a) 1948
b) 1961
c) 1952
d) 1972

15. Wer war der erste Mensch im Weltraum?
a) Alan Shepard
b) Juri Gagarin
c) Neil Armstrong
d) Alexei Leonow

16. Die Antibabypille hieß in der DDR ...
a) Kinderlospille.
b) Babywegpille.
c) Kinderwegpille.
d) Kinderwunschpille.

17. Der Euro ist in der Bundesrepublik Deutschland am ...
a) 1. Januar 2011 als Bargeld eingeführt worden.
b) 1. Januar 1999 als Bargeld eingeführt worden.
c) 1. Februar 2001 bei Banken als Währungseinheit eingeführt worden.
d) 1. Januar 2002 als Bargeld eingeführt worden.

18. Die Bundesrepublik Deutschland wurde im Jahr ...
a) 1948 gegründet.
b) 1961 gegründet.
c) 1990 gegründet.
d) 1949 gegründet.

19. Mit Hellenismus ist die ...
a) Machteroberung der Hellenen im 3. Jahrhundert n. Chr. gemeint.
b) Epoche vom Römischen Reich gemeint.
c) Sittlichkeit der katholischen Mönche gemeint.
d) griechische Alphabetisierung gemeint.

20. Wer waren die Hugenotten?
a) eine Sektenbewegung aus dem Mittelalter
b) Orden der Anhänger des Hugo von Cluny
c) ein Volksstamm im Süden Afrikas
d) Anhänger des Calvinismus in Frankreich

21. Wo fanden die Punischen Kriege statt?
a) in Asien
b) in Amerika
c) in Afrika
d) im Mittelmeerraum

22. Welcher amerikanische Präsident appellierte 1987 für die Öffnung des Brandenburger Tors?
a) Ronald Reagan
b) John F. Kennedy
c) Bill Clinton
d) George Bush

23. Womit beschäftigte sich die Gauck-Behörde?
a) mit ethischen Fragen
b) mit Stasi-Unterlagen
c) mit Unterlagen aus der Nazi-Zeit
d) mit der Wiedervereinigung

24. Der deutsche Reichskanzler Otto von Bismarck war unter anderem bekannt für ...
a) seine Kriege gegen Napoleon.
b) die Einführung des Sozialversicherungssystems.
c) den schnellen Einmarsch in Polen.
d) die Gründung der Weimarer Republik.

Lösungen: Geschichte

1. b)	9. a)	17. d)
2. a)	10. b)	18. d)
3. c)	11. d)	19. a)
4. a)	12. c)	20. d)
5. a)	13. d)	21. d)
6. a)	14. b)	22. a)
7. a)	15. b)	23. b)
8. b)	16. d)	24. b)

Physik

Bei der Bundeswehr und Feuerwehr wird Grundlagenwissen für die technischen Berufe vorausgesetzt. Daher solltest du idealerweise die folgenden Fragen beantworten können, sofern du dich für einen solchen Beruf interessierst.

1. Was bedeutet der Energieerhaltungssatz?
a) Die Gesamtenergie eines Systems ändert sich nicht.
b) Energie bleibt nur eine gewisse Zeit erhalten.
c) Energie kann nur durch Arbeit erzeugt werden.
d) Die Gesamtenergie eines Systems verändert sich permanent.
e) Keine der genannten Antworten ist richtig.

2. Woraus bestehen die meisten Atome?
a) Neutronen und Megatronen
b) Protonen und Photonen
c) Elektronen, Neutronen und Protonen
d) Elektronen, Photonen und Neutronen

3. Mit welcher Formel wird die Höhenenergie beschrieben?
a) $E = m \times v$
b) $E = m \times c$
c) $E = m \times g \times h$
d) Keine der Antworten ist richtig.

4. Wofür steht die Formel $F = m \times a$?
a) m steht für Masse, a steht für die Beschleunigung. Das Gesetz stellt die Kraft in Abhängigkeit zu Masse und Beschleunigung dar, wenn die Masse gleich und die Beschleunigung konstant bleibt.
b) m steht für Masse, a steht für Ampere. Das Gesetz stellt die Kraft in Abhängigkeit zu Masse und Strom dar, wenn die Masse gleich und der Strom konstant bleibt.

c) Das Gesetz gibt die potenzielle Energie an und setzt die Höhe einer Masse in Abhängigkeit zur Energie.
d) Keine der Antworten ist richtig.

5. Was bedeutet Leistung aus physikalischer Sicht?
a) Die Leistung wird über die Geschwindigkeit und die Zeit berechnet.
b) Die Leistung ist eine physikalische Größe, die den Strom in einer bestimmten Zeit auf den Widerstand in einer Schaltung bezieht.
c) Die Leistung ist eine physikalische Größe, welche den Aufwand von Arbeit beschreibt.
d) Die Leistung ist eine physikalische Größe, welche in einer bestimmten Zeitspanne die eingesetzte Energie auf diese Zeitspanne bezieht.

6. Die Beschleunigung eines Autos beträgt 5 m/s^2. Das Auto beschleunigt über 10 Sekunden. Wie schnell fährt das Auto nach den 10 Sekunden?
a) 5 m/s
b) 25 m/s
c) 50 m/s
d) 100 m/s

7. Wie heißt die Einheit von Arbeit?
a) Joule
b) Newton
c) Leistung
d) Photon

8. Bitte nenne drei verschiedene Arten von Energie.
a) Bewegungsenergie, Leergutenergie, Lageenergie
b) Bewegungsenergie, chemische Energie, Höhenenergie
c) Betreuungsenergie, potenzielle Energie, Höhenenergie
d) Lageenergie, potenzielle Energie, elektrische Energie

9. Das dritte newtonsche Gesetz beschreibt das Wechselwirkungsprinzip. Wie wird dieses Prinzip häufig umschrieben?
a) actio gleich reactio
b) actio nicht reactio
c) actio non reactio
d) solo gleich actio

10. Wie hoch ist die Fallbeschleunigung auf der Erde?
a) ca. 57 m/s^2
b) ca. 2 m/s^2
c) ca. 9,82 m/s^2
d) Keine der Antworten ist richtig.

Lösungen: Physik

1. a)	5. d)	9. a)
2. c)	6. c)	10. c)
3. c)	7. a)	
4. a)	8. b)	

Zu 1.: Der Energieerhaltungssatz lautet: „In einem abgeschlossenen System ist die Summe aller Energien konstant. Die Gesamtenergie bleibt erhalten.“. Daher ist Antwort a) richtig.
Zu 2.: c) Unterteilt wird ein Atom in den Atomkern, welcher aus neutral geladenen Neutronen und positiv geladenen Protonen besteht, und in die Atomhülle, in der sich negativ geladene Elektronen auf Kreisbahnen um den Kern bewegen.
Zu 3.: c) ist korrekt. Antwort a) weist auf die kinetische Energie hin, die mit $E = ½ \times m \times v^2$ berechnet wird. Antwort b) gehört zu

Albert Einsteins berühmtem Zusammenhang zwischen Masse und Energie: $E = m \times c^2$. Daher kann für die potenzielle Energie nur Antwort c) korrekt sein.
Zu 4.: a) Gefragt ist nach dem 2. newtonschen Gesetz, dem sogenannten Aktionsprinzip: „Wirkt auf einen Körper eine Kraft, so wird er in die Richtung der Kraft beschleunigt. Die Beschleunigung ist der Kraft direkt, der Masse des Körpers umgekehrt proportional.".
Zu 5.: d) Die Leistung P wird definiert durch den Quotienten aus aufgewendeter Energie ΔE oder verrichteter Arbeit ΔW und der dazu benötigten Zeit Δt: $P = \Delta E \ \Delta t = \Delta W \ \Delta t$. Gemessen wird die Leistung in Watt.
Zu 6.: c) Die Beschleunigung ergibt sich auf dem Quotienten einer Geschwindigkeit über die benötigte Zeit: $a = v \ t$. Eingesetzt und nach der Zeit aufgelöst ergibt sich eine Geschwindigkeit von $v = a \times t = 5\ m/s^2 \times 10\ s = 50\ m/s$.
Zu 8.: b) Die drei richtigen Antworten sind definiert durch:
Bewegungsenergie: $E = ½\ m \times v^2$
Chemische Energie beschreibt die freiwerdende Energie bei Bildung chemischer Bindungen
Höhenenergie: $E = m \times g \times h$.
Zu 9.: a) Das 3. newtonsche Gesetz besagt: „Besteht zwischen zwei Körpern A und B eine Kraftwirkung, so ist die Kraft welche von A auf B ausgeübt wird, der Kraft, die B auf A ausübt, entgegengesetzt gleich." Umschrieben wird dieses Prinzip deshalb mit actio gleich reactio.
Zu 10.: c) Die Erdbeschleunigung ist definiert durch die Variable g und beträgt ca. $9{,}81\ m/s^2$.

Logik

Bewerber reden sich häufig ein, sie seien nicht gut im logischen Denken oder hätten große Defizite im Bereich Mathematik. Die Wahrheit ist aber, dass mit einer guten Vorbereitung niemand Angst vor Tests aus dem Bereich „Logisches Denken" haben muss.

Im Einstellungstest oder Assessment Center solltest du nicht versuchen, krampfhaft alle Aufgaben nacheinander abzuarbeiten und richtig zu beantworten. Oft gibt es mehr Fragen in den Tests als überhaupt zeitlich zu bewältigen sind. Dadurch soll geprüft werden, wie Bewerber unter Stresssituationen arbeiten. Lass dich nicht aus der Ruhe bringen und bearbeite zunächst die Aufgaben, die du schnell und sicher lösen kannst und überspringe Fragen, bei denen du nicht weiterkommst.

Du wirst sehen, dass du bereits nach wenigen Übungen aus diesem Buch routinierter wirst und Aufgaben schneller und besser lösen kannst. Ziel dieses Kapitels soll es sein, dass du anschließend mit erhöhtem Selbstbewusstsein und mehr Routine in den logischen Teil des Einstellungstests gehen kannst. Unter der Rubrik „Logik" sind Übungen zusammengefasst, die das abstrakte bzw. schlüssige Denken abfragen. Es geht bei diesen Aufgaben meist darum, eine bestimmte Reihenfolge logisch fortzusetzen oder die richtigen Schlüsse zu ziehen.

Zahlenreihen

Setze die Zahlenreihen logisch fort. Überlege dabei genau, welche Regel sich hinter den Zahlen verbergen könnte.

Beispiel

Das folgende Beispiel soll dir dabei helfen, den Aufgabentyp „Zahlenreihen“ besser zu verstehen und die Aufgaben effizient lösen zu können:

Gegeben: 0, 4, 2, 6, 4, 8, ?
Bei dieser Zahlenreihe wurde als erstes die Zahl 4 addiert:
0 + 4 = 4
Im nächsten Schritt wurde von 4 die Zahl 2 subtrahiert:
4 – 2 = 2
Anschließend wurde wieder die Zahl 4 addiert
2 + 4 = 6

Wahrscheinlich erkennst du jetzt schon ein Muster. Es wird immer abwechselnd erst 4 addiert und anschließend die Zahl 2 abgezogen. Wenn du diese Regel für die gesamte Zahlenreihe fortführst, kommst du am Ende auf die Zahl 6 als gesuchte Zahl. Beachte, dass bei Zahlenreihen neben der Addition und Subtraktion auch weitere Rechenoperationen wie Multiplikation oder Division möglich sind. Bei etwas komplexeren Aufgaben können beispielsweise auch Primzahlen eine Rolle spielen. Primzahlen sind Zahlen, die nur durch sich selbst und 1 teilbar sind und größer als 1 sind.

Primzahlen: 2, 3, 5, 7, 11, 13 usw.
Eine etwas komplexere Zahlenreihe könnte beispielsweise folgendermaßen aussehen:

1, 3, 5, 8, 10, 15, 17, 24, 26, ?

Die Zahlenreihe startet mit 1. Um herauszufinden, was die fehlende Zahl ist, schauen wir uns zunächst die Differenz zwischen den gegebenen Zahlen an und versuchen, Muster zu erkennen:

Differenz zwischen 1 und 3 → 2*
Differenz zwischen 3 und 5 → 2
Differenz zwischen 5 und 8 → 3*
Differenz zwischen 8 und 10 → 2
Differenz zwischen 10 und 15 → 5*
Differenz zwischen 15 und 17 → 2
Differenz zwischen 17 und 24 → 7*
Differenz zwischen 24 und 26 → 2

Die Lösung für die gesuchte Zahl ist in diesem Fall 37. Es wird abwechselnd eine Primzahl (siehe mit Stern markierte Differenz) und dann wieder die Zahl 2 addiert.

Dieses Beispiel mag dir im ersten Moment sehr schwierig erscheinen, du wirst aber bereits nach wenigen Zahlenreihen in deiner Lösungsfindung immer schneller werden.

1. Aufgabe
0, 5, 3, 8, 6, ?
a) 9
b) 7
c) 11
d) 8

2. Aufgabe
96, 87, 79, 72, ?
a) 66
b) 67
c) 65
d) 61

3. Aufgabe

13, –21, 34, –55, 89, ?

a) 144

b) –144

c) 123

d) –123

4. Aufgabe

0, 9, 1, 8, 2, 7, 3, ?

a) 5

b) 6

c) 4

d) 10

5. Aufgabe

500, 50, 40, 400, 40, 30, ?

a) 20

b) 200

c) 300

d) 450

6. Aufgabe

35, 42, 49, 56, ?

a) 61

b) 63

c) 70

d) 77

7. Aufgabe

1, 4, 7, 10, 13, ?

a) 15

b) 16

c) 17

d) 18

8. Aufgabe

2, 1, 3, 0, 4, –1, ?

a) 4

b) 5

c) 6

d) 3

9. Aufgabe

11, 22, 15, 30, 23, 46, ?

a) 69

b) 54

c) 57

d) 39

10. Aufgabe

5, 8, 11, 14, ?

a) 16

b) 17

c) 18

d) 19

11. Aufgabe

16, 32, 64, 128, ?

a) 192

b) 196

c) 256

d) 512

12. Aufgabe

2, 1, 3, 9, 8, 10, 30, ?

a) 32

b) 29

c) 15

d) 90

13. Aufgabe

625, 125, 25, ?

a) 5

b) 15

c) 50

d) 75

14. Aufgabe

–3, 4, -5, 2, –7, 0, ?

a) 8

b) -8

c) 9

d) -9

15. Aufgabe

1, 2, 6, 30, 210, ?

a) 1.890

b) 2.310

c) 1.230

d) 3.210

16. Aufgabe

3, 2, 4, 1, 4, –1, ?

a) –2

b) –6

c) 2

d) 6

Lösungen: Zahlenreihen

1. c)	7. b)	13. a)
2. a)	8. b)	14. d)
3. b)	9. d)	15. b)
4. b)	10. b)	16. b)
5. c)	11. c)	
6. b)	12. b)	

Zu 1.: c) Die Zahlenreihe folgt dem Muster: + 5, – 2.
Zu 2.: a) Um auf den Wert 66 zu kommen wird von 96 zuerst 9, von diesem Ergebnis 8, anschließend 7 und schlussendlich 6 subtrahiert.
Zu 3.: b) Die Differenz aus den ersten beiden Zahlen wird berechnet, hier 34. So wird von der Zahl 13 die Zahl 34 subtrahiert, um den Folgewert –21 zu erlangen. Wird die Reihe weiter betrachtet, so steht die 34 als folgende Zahl. Damit ist die Lösung jeweils die Differenz zweier aufeinanderfolgender Werte; zu beachten ist, dass die Differenz nach einer positiven Zahl subtrahiert und nach einer negativen Zahl addiert wird.
Zu 4.: b) Das Muster ist: + 9 , – 8, + 7, – 6, + 5, – 4, + 3
Zu 5.: c) Hier lässt sich ein periodisches Muster feststellen: ÷ 10, – 10, × 10
Zu 6.: b) Die Lösung 63 ergibt sich durch wiederholtes Addieren der Zahl 7.
Zu 7.: b) ähnlich wie Aufgabe 6, jedoch durch Addition der Zahl 3
Zu 8.: b) Das Muster ist: – 1, + 2, – 3, + 4, – 5, + 6
Zu 9.: d) Die Zahlenreihe folgt dem Muster: × 2, – 7
Zu 10.: b) siehe Lösung Aufgabe 7

Zu 11.: c) Das Ergebnis 256 erlangt man durch Verdoppelung der Werte.

Zu 12.: b) Das periodische Vorgehen ist definiert durch:
– 1, + 2, × 3

Zu 13.: a) Bei jedem Schritt wird durch 5 geteilt.

Zu 14.: d) Die Zahlenreihe folgt dem Muster: + 7, – 9

Zu 15.: b) Die Lösung ist, die ersten fünf Primzahlen jeweils mit dem Ergebnis zuvor zu multiplizieren. So ist 30 × 7 = 210 und 210 × 11 = 2.310.

Zu 16.: b) Hier wird eine Abfolge von Subtraktion und Multiplikation durchgeführt, wobei von der Zahl 1 hochgezählt wird:
– 1, × 2,
– 3, × 4, – 5, × 6

Figuren und Matrizen

Figurenreihen und Matrizen sind ein beliebtes Mittel, um die logische Denkfähigkeit zu testen. Dabei müssen Figurenreihen entweder ergänzt oder Fehler in der Reihe aufgedeckt werden. Dabei ist zu beachten, wie die Form der Figuren aufgebaut ist, welche Positionen diese haben und welche Farben verwendet wurden.

1. Welche Figur passt nicht in die Reihe?

1

2

3

4

2. Welche Figur passt nicht in die Reihe?

1

2

3
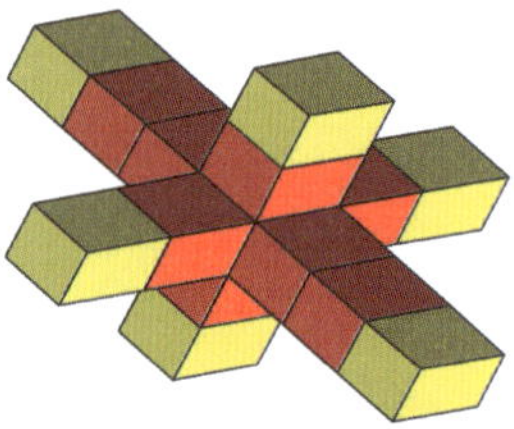

4

3. Welche Figur passt nicht in die Reihe?

1

2

3

4

4. Welche Figur passt nicht in die Reihe?

1

2

3

4

5. Welche Figur passt nicht in die Reihe?

1

2

3

4

6. Welcher Ausschnitt passt in das leere Feld?

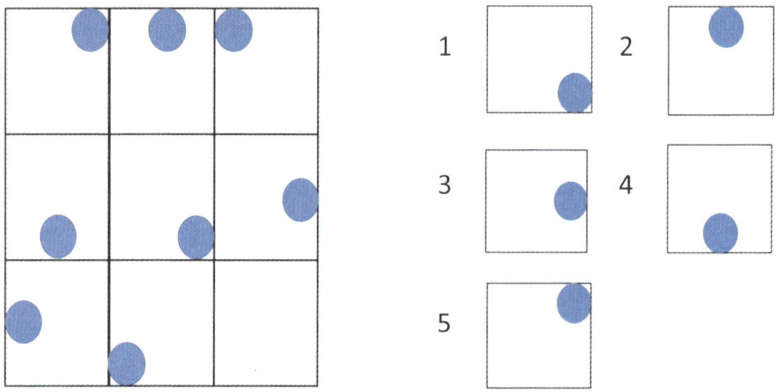

7. Welcher Ausschnitt passt in das leere Feld?

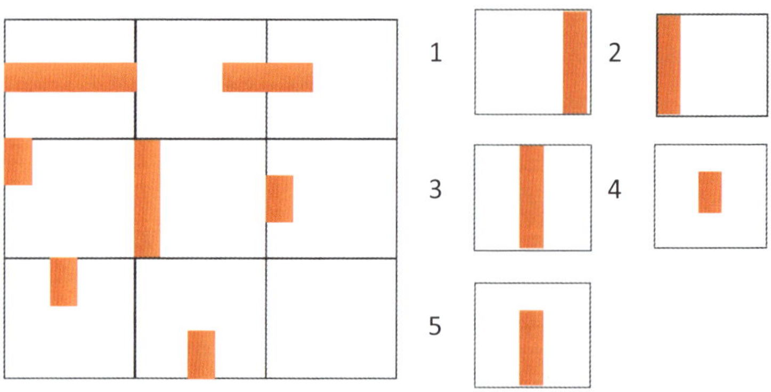

8. Welcher Ausschnitt passt in das leere Feld?

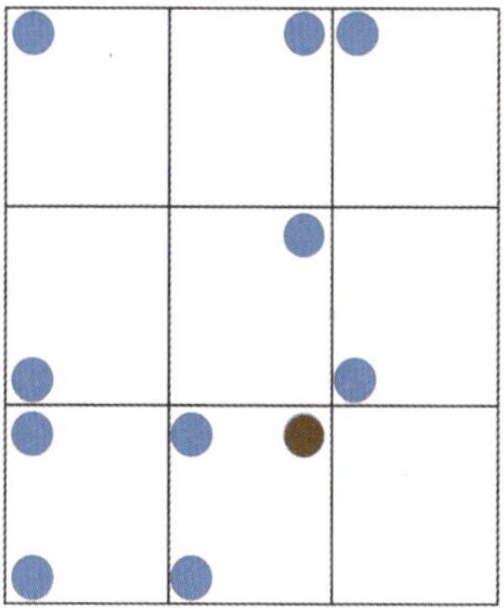

1

2

3

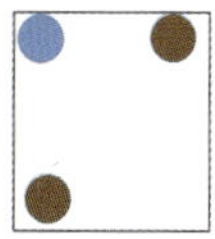

4

5

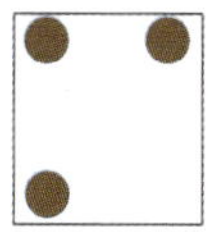

9. Welcher Ausschnitt passt in das leere Feld?

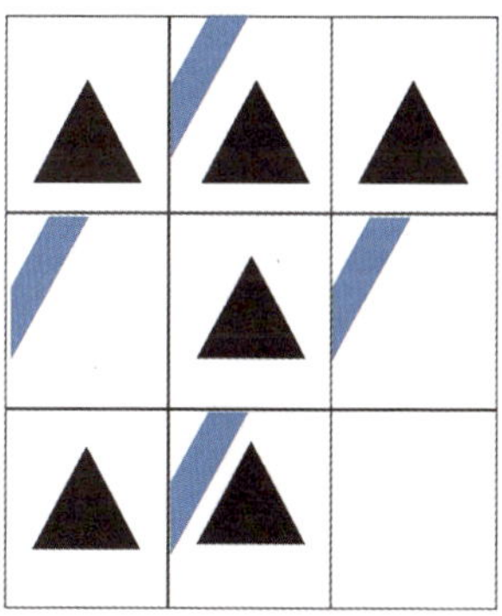

1

2

3

4

5

10. Welcher Ausschnitt passt in das leere Feld?

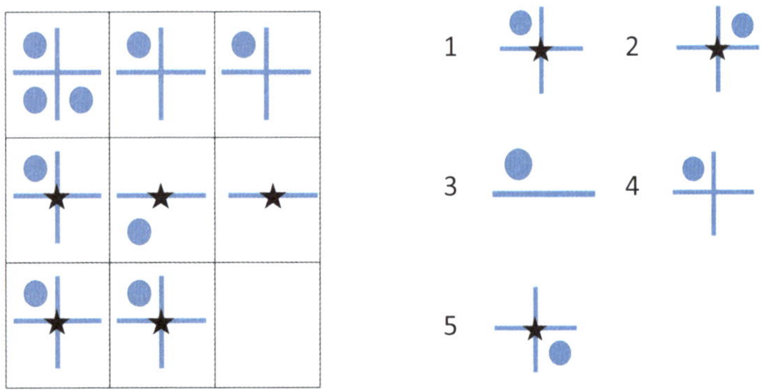

Lösungen: Figuren und Matrizen

1. 4 passt nicht	5. 1 passt nicht	9. 2 passt
2. 3 passt nicht	6. 2/4 passt	10. 1 passt
3. 1 passt nicht	7. 3 passt	
4. 1 passt nicht	8. 5 passt	

Prozentrechnung

Besonders bei kaufmännischen Berufen sind Aufgaben zur Prozentrechnung im Einstellungstest beliebt. Um die richtige Lösung zu finden, sollten die drei Werte Grundwert (G), Prozentwert (W) und Prozentsatz (p) ein Begriff sein, denn einer dieser Werte ist meistens gefragt und muss anhand der allgemeinen Formel ($p \% = W \div G$) ermittelt werden. Bitte beachte an dieser Stelle, dass die Formel gegebenenfalls umgeformt werden muss.

$p \% = p \div 100$

Beispiel

In der folgenden Beispielaufgabe wollen wir die Formel nun anwenden und aufzeigen, wie eine Aufgabe aus dem Bereich Prozentrechnung gelöst werden kann.

Beispielaufgabe: Wie viel sind 5 % von 200?
$p = 5 \%$
$G = 200$
$W = ?$

Die oben gegebene Formel lässt sich nach den verschiedenen Variablen G, W und p umstellen.

$p \% = W \div G$
$W = p \% \times G$
$G = W \div p \%$

In diesem Fall ist W gesucht. Daher berechnen wir $W = 5 \% \times 200$ beziehungsweise $W = (5 \div 100) \times 200 = 10$.

1. Von den 32 Schülern haben drei Schüler eine 1 geschrieben und weitere fünf haben die Note 2. Die anderen waren bei einer 3 oder schlechter. Wie viel Prozent der Schüler waren besser als eine 3?

p = 8 : 32 x 100

a) 20 %
b) 40 %
c) 25 %
d) 30 %

2. Vor zehn Jahren gab es 35 % Singlehaushalte in der EU. Und es gab 260 Mio. Haushalte mit mehr als einer Person. Wie viele Singlehaushalte gab es in der EU?

1.) 260 Mio : 65% x 100% = 400 Mio
2.) 35% : 100% x 400 = 140

a) 130 Mio.
b) 140 Mio.
c) 35 Mio.
d) 120 Mio.

3. Der Joghurt, den Meike kaufen möchte, ist 250 g schwer. Auf der Verpackung steht, dass dieser 16 g Fett enthält. Wie viel Prozent Fett enthält der Joghurt?

p = 16 : 250 x 100

a) 6,4 %
b) 7,8 %
c) 16 %
d) 2,5 %

4. Herr Glück hat 900 Euro inklusive Zinsen von seinem Bankkonto abgehoben. Das Geld wurde ein Jahr lang zu einem stolzen Zinssatz von 20 % fest verzinst. Wie viel Kapital musste Herr Glück vor einem Jahr anlegen, um diese Summe zu erhalten?

a) 180 Euro
b) 750 Euro
c) 700 Euro
d) 450 Euro

G = 900 : 120 x 100%
↓
100% + 20% Zinsen

5. Herr Schmidt kauft ein neues Auto für 50.000 Euro. Leider hat das Auto bereits nach kurzer Zeit einen Getriebeschaden, was hohe Reparaturkosten verursacht. Herr Schmidt erhält aus diesem Grund von seinem Händler 20 % des Kaufpreises erstattet. Wie viel Euro erhält Herr Schmidt vom Händler?

a) 10.000 Euro
b) 20.000 Euro
c) 25.000 Euro
d) 30.000 Euro

W= 50.000 x 20%

6. Frau Feldbusch kauft sich für 500 Euro Aktien. Aufgrund einer guten wirtschaftlichen Entwicklung steigen die Aktienkurse auf 200 % des eingesetzten Kapitals. Wie viel Euro sind diese Aktien nun Wert?

a) 500 Euro
b) 1.000 Euro
c) 2.000 Euro
d) 5.000 Euro

W = 200% x 500

7. Wie drückt man das Verhältnis 16 von 32 in Prozent aus (Prozentsatz)?

a) 16 %
b) 32 %
c) 60 %
d) 50 %

8. 8 % sind 80 Einheiten, wie viel sind 100 % (Grundwert)?

a) 100 Einheiten
b) 1.000 Einheiten
c) 400 Einheiten
d) 4.000 Einheiten

G= W : p
= 80 : 8 x 100

9. Der Preis für eine Kilowattstunde wird von 0,25 Euro auf 0,30 Euro erhört. Wie hoch ist die Steigerung in %?

a) 20 %
b) 25 %
c) 30 %
d) 5 %

0,30 : 0,25 × 100

10. Bei meiner Stamm-Apotheke erhalte ich drei Prozent Rabatt auf alle Rechnungen. Meine letzte Rechnung betrug vor Abzug 40,00 Euro. Wie hoch war die Ersparnis?

a) vier Euro
b) zwölf Euro
c) 1,20 Euro
d) 0,40 Euro

(3 : 100) × 40

11. Im Polizeibezirk Bochum arbeiten 1.500 Männer und 500 Frauen. Wie hoch ist der prozentuale Frauenanteil in diesem Bezirk?

a) 15 %
b) 20 %
c) 25 %
d) 30 %

P = 500 : 2000 × 100

12. Der Bauer hat insgesamt 90 Apfelbäume und will 18 weitere anpflanzen. Wie viel Prozent sind das?

a) 18 %
b) 20 %
c) 24 %
d) 19 %

P = 18 : 90 × 100

13. Der Pizza-Lieferservice wirbt mit 20 % Rabatt bei der nächsten Bestellung. Luisa möchte sich eine 15,00 Euro Pizza bestellen. Wie hoch wäre die Ersparnis?

a) 2,50 Euro
b) 3,00 Euro
c) 2,00 Euro
d) 1,50 Euro

W = p × G
= 20:100 × 15

14. Wie hoch ist die Wahrscheinlichkeit in Prozent, als Kandidat bei der Show „Wer wird Millionär" eine Million Euro zu gewinnen, wenn es nur sechs Kandidaten von 300 schaffen?

a) 0,6 %
b) 1,5 %
c) 3 %
d) 2 %

p = 6 : 300 × 100

15. Bei einer mobilen Blitzkontrolle beträgt die Wahrscheinlichkeit, dass jemand zu schnell fährt, etwa zehn Prozent. Die Blitzkontrolle wurde an einer vielbefahrenen Straße aufgebaut. Hier fahren von 7.00 Uhr bis 16.00 Uhr etwa 2.100 Autos entlang. Pro Ticket fallen Kosten von durchschnittlich zehn Euro an. Wie hoch ist der Betrag, der hier im genannten Zeitraum an Strafen eingenommen wird?

a) 2.100 Euro
b) 2.200 Euro
c) 2.300 Euro
d) 2.400 Euro

2100 : 10 × 10

16. Wie viele Birnen können gekauft werden, wenn zehn Prozent von 80 Birnen vom Markt genommen wurden?

a) 76 Birnen
b) 88 Birnen
c) 70 Birnen
d) 72 Birnen

W = (10:100) × 80 = 8
besser:
W = (90:100) × 80 = 72
%

17. Ende April 2015 waren in den Bremer Justizvollzugsanstalten 1.350 Strafgefangene inhaftiert. Das sind etwa vier Prozent weniger als im Vorjahr, so das Statistikamt. Wie viele Strafgefangene waren im Vorjahr inhaftiert?

a) 1.445 Strafgefangene
b) 1.296 Strafgefangene
c) 1.406 Strafgefangene
d) 1.498 Strafgefangene

G = W : p
G = 1350 : 96 x 100
(weil 4% weniger)

18. Im Jahr 2013 wurden deutschlandweit 9.640 Tote durch Verkehrsunfälle verzeichnet. Darunter waren 1.364 Motorradunfälle und 3.456 PKW-Unfälle. Wie viel Prozent der Tode wurden nicht durch Motorräder oder PKWs verursacht?

a) 15 %
b) 25 %
c) 50 %
d) 75 %

p = W : G
= 4.820 : 9.640 x 100

Lösungen: Prozentrechnung

1. c)	7. d)	13. b)
2. b)	8. b)	14. d)
3. a)	9. a)	15. a)
4. b)	10. c)	16. d)
5. a)	11. c)	17. c)
6. b)	12. b)	18. c)

Zu 1.: c) Zuerst muss die Anzahl der Schüler, die besser als eine 3 waren, berechnet werden: drei (Anzahl der Note 1) + fünf (Anzahl der Note 2) = acht. Eingesetzt in die Formel für Prozentrechnung, ergibt sich ein Wert von p = acht ÷ 32 × 100 % = 25 %.
Zu 2.: b) Um herauszufinden, wie viele Singlehaushalte es gegeben hat, muss zuerst die Gesamthaushaltszahl bestimmt werden. Hierzu stellen wir die Formel um: G= W ÷ p % × 100 % = 260 Mio. ÷ 65 % × 100 % = 400 Mio. Mit Hilfe des berechneten Grundwerts lässt sich in Teilschritt zwei der Prozentwert durch W = p % × G = 35 % ÷ 100 % × 400 Mio. = 140 Mio. ermitteln.
Zu 3.: a) Einsetzen in die Formel bringt: p = 16 ÷ 250 × 100 % = 6,4 %.
Zu 4.: b) Mit p = 120 % und W = 900 € erhält man: G = W ÷ p × 100 % = 750 €. Der Prozentsatz p wird so gewählt, da man im Vorjahr 100 % hatte und jetzt durch die Zinsen 20 % dazugekommen sind.
Zu 5.: a) Wird die Gleichung nach dem Prozentwert W umgestellt und für p = 20 % und G = 50.000€ gewählt, so erhält man:
W = p % × G = 10.000 €
Zu 6.: b) Entsprechen 500 € gleich 100 %, so verdoppelt sich dieser Wert, um auf 200 % zu kommen. Antwort b) ist korrekt.
Zu 7.: d) p = 16 ÷ 32 × 100 % = 50 %. In diesem Fall wird mit 100 % multipliziert, da das Resultat in Prozent gewünscht ist. Ist nur das Verhältnis gefragt, so stimmt Antwort d) ebenfalls.
Zu 8.: b) Mit W = 80 Einheiten und p = 8 %: G = W ÷ p × 100 % = 1.000 Einheiten.
Zu 9.: a) Bei dieser Aufgabe ist zu beachten, dass G und W richtig gewählt werden: Da es sich um eine Steigerung handelt, wird der Prozentsatz auch über 100 % betragen. Daher müssen nach der Berechnung p = 0,30 ÷ 0,25 × 100 % = 120 %, mit W = 0,30 € und G = 0,25 €, die anfänglichen 100 % abgezogen werden, um auf die reine Steigerung zu kommen.
Zu 10.: c) Siehe Lösung Aufgabe 5: W = p % × G = 1,20 €

Zu 11.: c) Die große Gefahr ist hierbei, dass anstatt mit 2.000 Beschäftigten nur mit dem Anteil der Männer von 1.500 Arbeitern gerechnet wird. Eingesetzt ergibt dies:
p = 500 ÷ 2.000 × 100 % = 25 %
Zu 12.: b) p = 18 ÷ 90 × 100 % = 20 %
Zu 13.: b) Siehe Lösung Aufgabe 5: W = p % × G = 3,00 €
Zu 14.: d) p = 6 ÷ 300 × 100 % = 2 %
Zu 15.: a) Diese Aufgabe besteht aus zwei Teilschritten: die Berechnung der Anzahl an Autos, die mit großer Wahrscheinlichkeit zu schnell fahren, und der daraus resultierenden Gesamtsumme. Für Ersteres dient die Formel W = p % × G = 210 Autos, mit p = 10 % und G = 2.100 Autos. Da jedes Auto durchschnittlich 10 € bezahlt, lautet das Resultat in Teilschritt 2: 210 × 10 € = 2.100 €.
Zu 16.: d) Siehe Lösung Aufgabe 5: W = p % × G = 72 Stück. Hierbei ist zu beachten, dass nicht die im Text erwähnten 10 % für p gewählt werden, sondern die verbleibenden 90 %.
Zu 17.: c) Die Ende April 2015 1.350 Inhaftierten (= W) sind 96 % (= p) im Vergleich zu diesem Jahr, daher wird die Formel nach G umgestellt: G = W ÷ p % = 1.406 Inhaftierte
Zu 18.: c) Da nach den Verkehrsunfällen gefragt ist, welche weder von PKWs noch Motorrädern verursacht worden sind, müssen von den 9.640 Toten insgesamt 4.820 Opfer (Summe der Motorrad- und PKW-Unfälle) subtrahiert werden. So berechnet sich p nach: p = 4.820 ÷ 9.640 × 100 % = 50 %

Dreisatz

Der Dreisatz (auch Verhältnisgleichung genannt) ist ein Lösungsverfahren, um in den meisten Fällen aus drei gegebenen Werten eines Verhältnisses den unbekannten vierten Wert zu berechnen. Dabei unterscheidet man bei der Schwierigkeit der Aufgaben zwischen einem einfachen Dreisatz (je mehr A, desto mehr B), umgekehrten Dreisatz (Je mehr A, desto weniger B) und zusammengesetzten Dreisatz (beispielsweise je mehr A und je weniger B, desto mehr C).

Beispiel

Das folgende Beispiel soll dir helfen, die Vorgehensweise zur Lösung von Dreisatzaufgaben ins Gedächtnis zu rufen:

Beispielaufgabe: Drei Hamburger kosten neun Euro. Wie viel kosten vier Hamburger?

Meistens wird bei Dreisatzaufgaben versucht, zunächst den Wert für eine Sache zu berechnen. In diesem Fall also der Preis für einen Hamburger.

Da drei Hamburger neun Euro kosten, berechnen wir neun Euro ÷ drei Hamburger = drei Euro pro Hamburger. Ein Hamburger kostet also drei Euro.

Da an der Stelle nach vier Hamburgern gefragt ist, berechnen wir: vier × drei Euro = zwölf Euro. Vier Hamburger kosten also zwölf Euro.

1. Anlässlich des Firmenjubiläums von sechs Mitarbeitern, welche zusammen 60 Jahre bei dieser Firma arbeiten, erhalten diese eine Prämie von insgesamt 1.200 Euro. Die Prämie errechnet sich nach der Anzahl der Dienstjahre. Karim Schuster wird nächstes Jahr sein 15-jähriges Jubiläum erreichen und überlegt, ob er mit der Prämie seinen Jahresurlaub zahlen kann, welcher 540 Euro kosten wird. Kann er das?

a) Ja, er kann den Urlaub mit der Prämie zahlen.
b) Nein, er kann den Urlaub nicht mit der Prämie zahlen.
c) Ja, es bleibt sogar noch was für Cocktails übrig.
d) Ja, wenn er noch 80 Euro dazuzahlt.

15 von 60 = 1/4
0,25 x 1200 = 300€

2. Eine Belegschaft von zwölf Arbeitern hat in je acht Stunden an sieben Tagen 390.000 Federn produziert. Über einen Zeitraum von 16 Tagen sollen 2.340.000 Federn produziert werden. Wie viele Arbeiter werden am Band benötigt, wenn acht Stunden am Tag gearbeitet wird?

a) unter 20 Arbeiter
b) zwischen 20 und 29 Arbeiter
c) zwischen 30 und 36 Arbeiter
d) mehr als 36 Arbeiter

390.000 : 7 = 55.714
55.714 : 12 = 4.643
2.340.000 : 16 = 146.250
146.250 : 4.643 = 31,5 Arbeiter

3. Zwei Pumpen füllen in sechseinhalb Stunden einen Pool, welcher 13.000 Liter fasst. Für einen Pool, der 21.000 Liter fasst, werden drei dieser Pumpen verwendet. Wie lange benötigen diese Pumpen, um den Pool zu füllen?

a) vier Stunden
b) fünf Stunden
c) sechs Stunden
d) sieben Stunden

13.000 : 6,5 = 2.000L
2.000 : 2 = 1.000L / Pumpe
21.000 : 3 Pumpen (3.000L/h) = 7 Stunden

4. Hans möchte Rindfleisch kaufen. 450 g kosten 13,50 Euro. Was kostet ein Kilogramm Rindfleisch?

a) 28 Euro
b) 27 Euro
c) 45 Euro
d) 30 Euro

1000gr : 450gr x 13,50€ = 30€

5. Für die Vorbereitungen auf einen Tornado stattet Familie Frisch ihren Bunker aus. Vor einigen Jahren ist das Ehepaar mit neun Konserven und zwölf Litern Wasser für drei Tage ausgekommen. Mittlerweile hat das Ehepaar zwei Kinder und möchte sich im Notfall für fünf Tage versorgen können. Wie viele Konserven und wie viel Liter Wasser sollte die Familie in den Bunker bringen, wenn jede Person die gleiche Menge verbraucht?

a) zehn Konserven und 15 Liter Wasser
b) 15 Konserven und 25 Liter Wasser
c) 20 Konserven und 30 Liter Wasser
d) 30 Konserven und 40 Liter Wasser

1 Tag: 3 Kons + 4 L:
1,5 + 2 / P.
6 + 8 / P / T
30 + 40

6. Aus drei Brunnen können maximal 24 Familien mit Wasser versorgt werden. Wie viele Familien können aus 20 Brunnen mit Wasser versorgt werden?

a) 160 Familien
b) 140 Familien
c) 120 Familien
d) 150 Familien

7. Ein Weizenfeld wird von fünf Mähdreschern in neun Tagen bestellt. Wie lange brauchen 15 Mähdrescher dafür?

a) drei Tage
b) vier Tage
c) fünf Tage
d) sechs Tage

8. Zwei Maurer brauchen 48 Stunden, um eine Mauer hochzuziehen. Wie viele Stunden benötigen sechs Maurer für die gleiche Arbeit?

a) zehn Stunden
b) 16 Stunden
c) 18 Stunden
d) 24 Stunden

9. Mona ist 24 Kilometer gefahren und hat 1,2 Liter Benzin verbraucht. Wie viel Liter verbraucht sie auf 100 Kilometern?

a) zehn Liter
b) fünf Liter
c) acht Liter
d) 2,4 Liter

10. Um ein Waldstück von 80.000 Quadratmetern abzusuchen, benötigen zehn Polizisten 40 Stunden. Wie lange benötigen fünf Polizisten für eine Fläche von 50.000 Quadratmetern?

a) 25 Stunden
b) 50 Stunden
c) 80 Stunden
d) 100 Stunden

11. Für die Strecke von der Polizeiwache zum Einsatzort benötigt der Fahrer 24 Minuten bei der zulässigen Höchstgeschwindigkeit von 80 km/h. Mit Blaulicht kann er etwa 40 km/h schneller fahren. Wie lange benötigt er für die Strecke, wenn er das Blaulicht verwendet?

a) vier Minuten
b) 16 Minuten
c) 20 Minuten
d) 48 Minuten

12. Für die Fertigstellung eines Rohbaus von einem neuen Gebäudeteil benötigen vier Bauarbeiter, die täglich sieben Stunden arbeiten, 20 Tage. Ein Maurer hatte einen Arbeitsunfall. Die übrigen Bauarbeiter können den Verlust etwas kompensieren, indem sie täglich eine Stunde länger arbeiten, also acht Stunden am Tag. Wie viele Tage dauert es nun, bis der neue Gebäudeteil fertiggestellt wird?

a) ca. 20 Tage
b) ca. 21 Tage
c) ca. 23 Tage
d) ca. 33 Tage

(4 Arb. x 7 Std x 20 Tage = 560 Std)
4 Arb. x 7 Std = 28 Std / Tag
28 Std x 20 Tage = 560 Std
3 Arb. x 8 Std = 24 Std / Tag
560 Std : 24 Std = 23,3 Tage

13. Zwei Fliesenleger benötigen für das Fliesen einer 32 Quadratmeter großen Garage vier Stunden. Wie lange brauchen fünf Fliesenleger für 40 Quadratmeter?

a) fünf Stunden
b) vier Stunden
c) drei Stunden
d) zwei Stunden

32 qm : 2 Arb. : 4 h = 4 qm/h/Arb.
40 qm : 4 qm/h : 5 Arb. = 2 Std

14. Um eine Mauer von 32 Quadratmeter zu ziehen, brauchen zwei Maurer vier Stunden. Wie lange brauchen drei Maurer für eine 144 Quadratmeter Mauer?

a) zehn Stunden
b) elf Stunden
c) zwölf Stunden
d) 15 Stunden

32 qm : 2 : 4 = 4 qm/h/Maurer
144 : 4 qm/h : 3 = 12

15. Für eine Strecke benötigt man neun Stunden bei einer Geschwindigkeit von 80 km/h. Wie hoch muss die Geschwindigkeit sein, wenn man diese Strecke in sechs Stunden schaffen möchte?

80x9 = 720 km

720 km : 6 = 120 km/h

a) 90 km/h
b) 100 km/h
c) 110 km/h
d) 120 km/h

16. Ein leitender Angestellter möchte vom Unternehmen ein Geschäftsauto gestellt bekommen. Er muss allerdings ein Prozent des Kaufwertes monatlich versteuern. Wie viel Euro muss er im Jahr zusätzlich versteuern, wenn das Geschäftsauto 32.000 Euro kostet?

320 x 12 = 3 840

a) 8.340 Euro
b) 3.840 Euro
c) 320 Euro
d) 3.200 Euro

17. Ein Polizeiauto verbraucht auf 100 Kilometer etwa neun Liter Benzin. Wie viel Benzin benötigt dieses Auto für 350 Kilometer?

9 x 3,5 = 31,5

a) 31,5 Liter Benzin
b) 32 Liter Benzin
c) 32,5 Liter Benzin
d) 33,5 Liter Benzin

18. Für eine kleine Feier zum Einstand plant Lara, für sich und ihre elf Kollegen 60 Euro für Getränke ein. Kurzfristig melden sich vier Personen ab. Für das übrige Geld möchte sie nun noch einen edlen Tropfen kaufen. Wie viel Geld kann sie dafür ausgeben?

60 : 12 = 5

5 x 4 = 20

a) 15 Euro
b) 20 Euro
c) 25 Euro
d) 30 Euro

19. In fünf Tagen schaffen es zwei Paketdienste 800 Päckchen auszuliefern. Wie viele Päckchen können maximal ausgeliefert werden, wenn drei Paketdienste nur zwei Tage Zeit haben?
a) 480 Päckchen
b) 1.200 Päckchen
c) 240 Päckchen
d) 320 Päckchen

20. Von einem Containerschiff werden in 30 Minuten sieben Container entladen. Wie lange dauert die Entladung von 56 weiteren Containern?
a) vier Stunden
b) fünf Stunden
c) sechs Stunden
d) sieben Stunden

21. Vier Arbeiter benötigen zwölf Arbeitsstunden, um ein Waldstück vollständig zu roden. Welche Zeit benötigen zehn Arbeiter für dieselben Rodungsarbeiten?
a) vier Stunden 48 Minuten
b) vier Stunden acht Minuten
c) vier Stunden 36 Minuten
d) vier Stunden 54 Minuten

22. Ein Student gibt an 14 Tagen im Monat jeweils fünf Euro in der Mensa aus. Für wie viele Tage würde das gleiche Geld reichen, wenn er jeweils nur 3,50 Euro ausgeben würde?
a) 20 Tage
b) 25 Tage
c) 17 Tage
d) 19 Tage

Lösungen: Dreisatz

1. b)	9. b)	17. a)
2. c)	10. b)	18. b)
3. d)	11. b)	19. a)
4. d)	12. c)	20. a)
5. d)	13. d)	21. a)
6. a)	14. c)	22. a)
7. a)	15. d)	
8. b)	16. b)	

Zu 1.: b) Da die Prämie anhand der geleisteten Dienstjahre aufgeteilt wird, muss als Erstes ermittelt werden, wie viel Prozent Karim Schuster von dem Geld erhält. Dazu erfolgt die Rechnung: p = 15 ÷ 60 × 100 % = 25 % (siehe hierzu Kapitel Prozentrechnung). Um nun Karim Schusters Summe zu errechnen, multipliziert man die 1.200 Euro mit 0,25 (1 = 100 %, 0,25 = 25 %) und erhält einen Betrag von 300 Euro. Daher kann er den Urlaub nicht vollständig mit seiner Prämie bezahlen.

Zu 2.: c) Zuerst wird berechnet, wie viele Federn ein Arbeiter pro Tag herstellen kann: 390.000 Federn ÷ sieben Tage = 55.714 Federn/Tag. Auf einen Mitarbeiter kommen somit 55.714 Federn ÷ zwölf Arbeiter = 4.643 Federn. Wenn nun 2.340.000 Federn in 16 Tagen produziert werden sollen, müssen 2.340.000 Federn ÷ 16 Tage = 146.250 Federn/Tag hergestellt werden. Durch den ersten Schritt liegt die Erkenntnis vor, dass ein Mitarbeiter 4.643 Federn/Tag schafft. Somit werden 146.250 Federn ÷ 4.643 Federn = 31,5 (Mitarbeiter) benötigt.

Zu 3.: d) Wenn zwei Pumpen 13.000 Liter befördern, trägt jede der beiden mit 6.500 Liter bei. Da sie den Pool in 6,5 Stunden befüllen, werden 1.000 Liter pro Stunde gepumpt (6.500 Liter/6,5h = 1.000 Liter/h). Für einen Pool mit 21.000 Liter Fassvermögen und drei Pumpen wird die gleiche Rechnung angewendet. Jede Pumpe trägt mit 7.000 Liter Gesamtvolumen bei. Bei 1.000 Liter pro Stunde brauchen die drei Pumpen also sieben Stunden, um den Pool zu füllen.

Zu 4.: d) Der klassische Dreisatz lässt sich auch grafisch lösen:

450 g → 13,50 €

1.000 g → x

x = 1.000 ÷ 450 × 13,50 € = 30 €

Zu 5.: d) Wenn zwei Personen zwölf Liter Wasser und neun Konserven in drei Tagen verbrauchen, so verbrauchen sie zu zweit pro Tag zwölf Liter ÷ drei = vier Liter Wasser und neun Konserven ÷ drei = drei Konserven pro Tag. Um nun den Fünf-Tages-Vorrat für vier Personen zu bestimmen, werden die Pro-Tag-Mengen mal zwei multipliziert und anschließend mal fünf: vier Liter × zwei (Zwei Menschen werden zu einer „Einheit" zusammengefasst.) × fünf Tage = 40 Liter und drei Konserven × zwei × fünf = 30 Konserven

Zu 6.: a) Wenn drei Brunnen 24 Familien versorgen, versorgt ein Brunnen alleine maximal acht Familien. Somit können von 20 Brunnen acht Familien × 20 = 160 Familien leben.

Zu 7.: a) Fünf Mähdrescher benötigen neun Tage für ein Feld. Wird nun aber die dreifache Menge an Mähdreschern eingesetzt, so brauchen sie nur ein Drittel der Zeit, ergo drei Tage.

Zu 8.: b) Zwei Maurer arbeiten 48 Stunden für eine Mauer, somit beträgt die Arbeitszeit für einen Maurer, um eine Mauer hochzuziehen, 96 Stunden. Arbeiten nun sechs Maurer gleichzeitig, minimiert sich die Arbeitszeit auf 96 Stunden ÷ sechs Arbeiter = 16 Stunden.

Zu 9.: b) Siehe Lösung Aufgabe 4: x = 100 ÷ 24 × 1,2 l = fünf Liter
Zu 10.: b) Ein Polizist sucht pro Stunde 200 Quadratmeter ab (80.000 ÷ zehn ÷ 40 = 200). Für eine Fläche von 50.000 Quadratmetern benötigen somit fünf Polizisten 50 Stunden Zeit. (50.000 ÷ 200 ÷ fünf = 50 Stunden).
Zu 11.: b) Mit Blaulicht fährt der Fahrer 120 km/h. Ohne Blaulicht bewegt sich der Fahrer nur mit zwei Drittel der Geschwindigkeit fort. Braucht er also mit 80 km/h 24 Minuten, so legt er die Strecke mit höherem Tempo in einer Zeit von Zweidrittel × 24 Minuten = 16 Minuten zurück (Er spart sich somit ein Drittel der Zeit, da er um ein Drittel schneller fährt mit Blaulicht.).
Zu 12.: c) Insgesamt arbeiten vier Bauarbeiter 560 Stunden, um den Rohbau fertigzustellen: vier Arbeiter × sieben Stunden = 28 Stunden Gesamtarbeitszeit pro Tag, 28 Stunden × 20 Tage = 560 Stunden. Drei Arbeiter, die jeden Tag acht Stunden arbeiten, weisen eine Gesamtarbeitszeit von 24 Stunden pro Tag auf. Somit folgt: 560 Stunden ÷ 24 Stunden (je Tag) = 23,33 Tage
Zu 13.: d) Zwei Fliesenleger brauchen vier Stunden für 32 Quadratmeter. Ein Fliesenleger bearbeitet somit in vier Stunden 16 Quadratmeter. In einer Stunde daher 16 Quadratmeter ÷ vier Stunden = vier Quadratmeter. Arbeiten fünf Fliesenleger gleichzeitig, schaffen sie in einer Stunde 20 Quadratmeter. Da die doppelte Fläche zu fliesen ist, benötigen sie zwei Stunden.
Zu 14.: c) Siehe Lösung Aufgabe 13: In einer Stunde schafft ein Maurer vier Quadratmeter, daher ziehen drei Maurer zwölf Quadratmeter Mauer in einer Stunde hoch. Da die zu bauende Mauer 144 Quadratmeter Fläche besitzt, benötigen drei Maurer zwölf Stunden: 144 Quadratmeter ÷ zwölf Quadratmeter pro Stunde = zwölf Stunden
Zu 15.: d) Mit Hilfe der Formel s = v × t, wobei s für die zurückgelegte Strecke, t für die Zeit und v für die Geschwindigkeit steht, ermittelt man zuerst die Gesamtstrecke:
s = 80 km/h × 9 h = 720 km. Wird die Zeitspanne verringert, so

muss die Geschwindigkeit zunehmen: v = s ÷ t = 720 km ÷ sechs Stunden = 120 km/h

Zu 16.: b) Die monatliche Steuer des Angestellten beträgt 32.000 € × 0,01 = 320 €. Somit muss er jährlich 320 € × 12 = 3.840 € Abgaben zahlen.

Zu 17.: a) Für 100 km verbraucht das Auto neun Liter Benzin. Fährt er jetzt 3,5-mal so viel, steigt auch sein Verbrauch um das 3,5-fache: neun Liter Benzin × 3,5 = 31,5 Liter Benzin.

Zu 18.: b) Die eingeplanten 60 Euro verteilen sich gleichmäßig auf zwölf Gäste: 60 Euro ÷ zwölf Gäste = fünf Euro pro Gast. Sagen nun vier Gäste ab, stehen Lara 20 Euro zum Kauf eines edlen Tropfens zur Verfügung: fünf Euro × vier = 20 Euro

Zu 19.: a) Zwei Paketdienste liefern in fünf Tagen 800 Päckchen aus. Daher liefert ein Paketdienst 400 Päckchen in fünf Tagen und 80 Pakete an einem Tag aus: 800 Päckchen ÷ zwei = 400 Päckchen, 400 Päckchen ÷ fünf Tage = 80 Pakete pro Tag. Stellen drei Lieferanten gleichzeitig 80 Pakete am Tag zu, schaffen sie in Summe 240 pro Tag. Da sie zwei Tage Zeit haben, verdoppelt sich der Wert: 240 Pakete pro Tag × zwei = 480 Pakete pro Tag

Zu 20.: a) In 30 Minuten können sieben Container entladen werden. Insgesamt fehlen noch 56 = sieben × acht Container. Wie zu erkennen ist, ist die Zahl 56 das Achtfache von sieben, daher dauert die Entladung noch acht × 0,5 Stunden = vier Stunden.

Zu 21.: a) Die Gesamtarbeitszeit der vier Arbeiter beträgt vier × zwölf Stunden = 48 Stunden. Verteilen sich diese Stunden auf zehn Arbeiter, so benötigen sie 4,8 Stunden bei gleichzeitigem Roden. Zu beachten ist, dass eine Umrechnung in Minuten erfolgen muss: 60 Minuten × 0,8 (da 80 % der Stunde benötigt wird) = 48 Minuten

Zu 22.: a) Der Student verbraucht insgesamt 14 Tage × fünf Euro = 70 Euro in der Mensa. Reduziert er seinen täglichen Verzehr auf 3,50 Euro, so kann er an 70 ÷ 3,50 € pro Tag = 20 Tagen davon essen.

Sprachanalogien

Sogenannte Sprachanalogien werden in zahlreichen Aufnahmetests verwendet. So gehören Aufgaben vom Typ Sprachanalogie zum Standardwerkzeug in zahlreichen IQ-Tests, im Assessment Center, im Eignungstest bei Unternehmen, Behörden oder Hochschulen.

Die Aufgabe dabei ist, die Wortgleichung sinnvoll zu ergänzen. Das erste und zweite Wort in der Gleichung stehen in einer Beziehung zueinander. Ziel ist es, zwischen dem dritten und dem Lösungswort eine ähnliche Beziehung herzustellen. Richtig ist immer nur eine Lösung.

1. Linde / Eiche = Dackel / ?
a) Boxer
b) Hund
c) Vierbeiner
d) Schnauze

2. Bleistift / spitzen = Messer / ?
a) schneiden
b) stechen
c) schleifen
d) scharf

3. Bluse / T-Shirt = kurze Hose / ?
a) Rock
b) Unterhose
c) BH
d) Unterwäsche

4. Herbst / Apfel = Obst / ?
a) Sommer
b) Monat
c) Jahreszeit
d) Gemüse

5. Mensch / Nahrung = Auto / ?
a) Getriebe
b) Benzin
c) Reifen
d) Vordersitz
e) Windschutzscheibe

6. Obst / Banane = Gemüse / ?
a) Gurke
b) Kiwi
c) Apfel
d) Orange
e) Grapefruit

7. Küken / Vögel = Baby / ?
a) Rentner
b) Erwachsener
c) Jugendlicher
d) Homo Sapiens
e) Kleinkind

8. Skateboard / fahren = Pferd / ?
a) dressieren
b) reiten
c) füttern
d) schlachten
e) streicheln

9. hoch / tief = schnell / ?
a) lang
b) unendlich
c) breit
d) weit
e) langsam

10. Papier / Stift = Wand / ?
a) Schere
b) Kleber
c) Perforator
d) Wandfarbe
e) Tapete

11. Tee / Wasser = Kaffee / ?
a) Bohnen
b) Tasse
c) Wasser
d) Kanne
e) Schwarz

12. wenig / viel = null / ?
a) unendlich
b) nichts
c) mehr
d) ein bisschen
e) 1.000

13. Flugzeug / Himmel = Deutschland / ?
a) Universum
b) Berge
c) Land
d) Amerika
e) Europa

14. lachen / Freude = weinen / ?
a) Spaß
b) lustig
c) Trauer
d) Ekel
e) Tränen

15. Sommer / Sonne = Winter / ?
a) Blumen
b) kalt
c) langweilig
d) Schnee
e) Frühling

16. Morgen / Kind = Abend / ?
a) Mensch
b) Erwachsener
c) Frau
d) Junge
e) Affe

17. Herz / Mensch = Adler / ?
a) Krieg
b) Himmel
c) Sand
d) Frieden
e) Hass

18. Tier / Fell = Baum / ?
a) Wurzel
b) Rinde
c) Ast
d) Blätter
e) Stamm

19. Kilogramm / Gewicht = Minute / ?
a) Armbanduhr
b) Stunde
c) Tag
d) Zeit
e) Jahr

20. Meter / Länge = Unze / ?
a) Gold
b) Römer
c) Entfernung
d) Zeit
e) Masse

21. Hamburger / USA = Fish and Chips / ?
a) Deutschland
b) Großbritannien
c) Polen
d) Russland
e) Frankreich

22. vorwärts / rückwärts = rechts / ?
a) oben
b) unten
c) links
d) vorne
e) hinten

23. Knopf / Plastik = T-Shirt / ?
a) Glas
b) Holz
c) Eisen
d) Stoff
e) Feder

24. Kürbis / Herbst = Plätzchen / ?
a) Sommer
b) Winter
c) Frühsommer
d) Frühling
e) Juli

Lösungen: Sprachanalogien

1. a)	9. e)	17. b)
2. c)	10. d)	18. b)
3. a)	11. c)	19. d)
4. c)	12. a)	20. e)
5. b)	13. e)	21. b)
6. a)	14. c)	22. c)
7. e)	15. d)	23. d)
8. b)	16. b)	24. b)

Zu 1.: a) In diesem Fall passt nur Lösung a), da es sich hierbei um eine Hunderasse handelt. Linde und Eiche sind zwei verschiedene Baumarten, Dackel und Boxer zwei Hunderassen.
Zu 2.: c) Einen Bleistift spitzt man, ein Messer schleift man. Beides sind Methoden, um den jeweiligen Gegenstand in den Optimal-Zustand zu versetzen.
Zu 3.: a) Bluse ist die elegante, T-Shirt die legere Variante eines Oberteils. Gleicher Zusammenhang gilt für Rock und kurzer Hose.

Zu 4.: c) Es werden die Oberbegriffe gesucht: Apfel → Obst, Herbst → Jahreszeit.
Zu 5.: b) Ein Mensch benötigt Nahrung zum Überleben, ein Auto funktioniert nur mit ausreichend Benzin.
Zu 6.: a) Die Banane gehört eindeutig in die Kategorie Obst. In den Antwortmöglichkeiten steht nur eine Gemüsesorte, daher muss Gurke die richtige Lösung sein.
Zu 7.: e) Küken entwickeln sich ohne Zwischenschritt zu Vögeln. Da der Mensch mehrere Stadien durchläuft, aber nur nach dem Folgeprozess gefragt wurde, ist Antwort e) Kleinkind richtig.
Zu 8.: b) Der Zusammenhang besteht in der richtigen Fortbewegungsmöglichkeit. Ein Skateboard fährt man, ein Pferd wird geritten.
Zu 9.: e) In dieser Aufgabe werden Gegensätze abgefragt: hoch / tief und schnell / langsam.
Zu 10.: d) Mit einem Stift wird ein Papier beschrieben, analog dazu mit Wandfarbe die Wand gestrichen.
Zu 11.: c) Das Entscheidende ist nicht die Herstellung des Grundprodukts (Teeblätter, Kaffeebohnen), sondern die Zutat, die zur Fertigstellung des Getränks verwendet wird – in beiden Fällen ist dies Wasser.
Zu 12.: a) siehe Lösung Aufgabe 9
Zu 13.: e) Das Flugzeug fliegt im Himmel, Deutschland liegt auf dem Kontinent Europa. Die geografische Lage ist entscheidend.
Zu 14.: c) Freude wird oft empfunden, wenn man lacht. Trauer hingegen, wenn man weint.
Zu 15.: d) Das charakteristische Merkmal für den Sommer ist die Sonne. Für den Winter ist Schnee typisch.
Zu 16.: b) Wird das Leben als Tag betrachtet, ist der Mensch am Morgen ein Kind und am Abend ein Erwachsener.
Zu 17.: b) Das Herz befindet sich im Brustkorb des Menschen, der Adler verbringt die meiste Zeit im Himmel. Der richtige Lebensraum ist gefragt.

Zu 18.: b) Der Körper eines Tieres ist von einem Fell ummantelt, genauso wie ein Baum von Rinde ummantelt ist.
Zu 19.: d) Kilogramm ist eine Maßeinheit für das Gewicht. Die Zeit wird unter anderem in Minuten gemessen.
Zu 20.: e) Meter ist ein Längenmaß, genauso wie eine Unze eine Gewichtseinheit ist.
Zu 21.: b) Ein typisches Gericht in den USA sind Hamburger. Großbritannien ist bekannt für Fish and Chips.
Zu 22.: c) In dieser Aufgabe werden Gegensätze abgefragt: vorwärts / rückwärts und rechts / links.
Zu 23.: d) Das Material, aus dem die Gegenstände produziert werden, ist gesucht.
Zu 24.: b) siehe Lösung Aufgabe 15

Textaufgaben

Unternehmen sehen Textaufgaben als eine wirkungsvolle Methode, um unsere Abstraktionsfähigkeit und gleichzeitig die rechnerische Fähigkeit auf die Probe zu stellen.

1. Jemand sagt: „In zwei Jahren bin ich doppelt so alt wie ich vor vier Jahren war.“ Wie alt ist die Person?

a) zehn
b) zwölf
c) acht
d) 13
3) 13

2. Wer ist am schnellsten? Liam ist langsamer als Anna. Anna ist schneller als Emilia. Liam ist langsamer als Kevin. Kevin ist schneller als Anna.

a) Liam
b) Anna
c) Emilia
d) Kevin

3. Arthur ist leichter als Benjamin, aber schwerer als Johanna. Johanna ist schwerer als Peter. Wer ist der Schwerste?

a) Arthur
b) Benjamin
c) Johanna
d) Peter

4. Zwei Länder haben insgesamt zehn Einwohner. Niemand, der mehr als 85 Kilogramm wiegt, kann Präsident eines Landes werden. Die Einwohner der Länder sind jeweils 88 kg, 86 kg, 84 kg, 75 kg, 95 kg, 105 kg, 78 kg, 85 kg, 86 kg und 87 kg schwer. Wie viele Präsidenten gibt es?

a) fünf

b) sechs

c) drei

d) zwei

5. Du meldest dich zu einem Wettlauf an. Beim Endspurt überholst du den fünften Läufer, wirst dann aber von zwei anderen Läufern überholt. Mit welcher Platzierung läufst du ins Ziel ein?

a) vierter

b) fünfter

c) sechster

d) siebter

6. Wenn sechs Äpfel ein Kilogramm wiegen, wie viele Äpfel wiegen dann 2,5 Kilogramm?

a) zwölf

b) 16

c) 15

d) 13

7. Wer ist am stärksten? Andreas ist schwächer als Linus. Henry ist stärker als Patrick. Patrick ist stärker als Linus.

a) Andreas

b) Henry

c) Patrick

d) Linus

8. Wer ist am sorgfältigsten? Michael ist sorgfältiger als Ben. Annika ist sorgfältiger als Sarah. Annika ist lässiger als Ben. Sarah ist lässiger als Ben.

a) Michael
b) Ben
c) Sarah
d) Annika

9. Morgen ist Montag. Welcher Tag war einen Tag vor gestern?

a) Samstag
b) Freitag
c) Donnerstag
d) Sonntag

10. Jeder Cousin hat gleich viele Cousinen wie Cousins. Jede Cousine hat doppelt so viele Cousins wie Cousinen. Wie viele Cousinen gibt es in der Familie?

a) vier
b) drei
c) acht
d) eine

11. Eine Biene hat sechs Beine, eine Spinne sogar acht. Zusammen haben zwei Bienen und drei Spinnen genauso viele Beine wie zwölf Enten und ...

a) zwei Hunde.
b) drei Hunde.
c) sieben Hunde.
d) zwölf Hunde.

12. Wie oft kann man maximal 1,50 Euro ausgeben, wenn man 17,99 Euro hat?
a) 10,5-mal
b) 11-mal
c) 12-mal
d) 13-mal

13. Hans geht in den Supermarkt und möchte 20 Tafeln Schokolade kaufen. Eine Tafel kostet 0,89 Euro. Es gibt aber noch zwei Angebote: Angebot A – fünf Tafeln für 4,20 Euro oder das Angebot B – zehn Tafeln für 8,50 Euro. Sollte Hans ein Angebot nutzen und wenn ja, welches?
a) Hans sollte die Tafeln einzeln kaufen.
b) Hans sollte das Angebot A nutzen.
c) Hans sollte das Angebot B nutzen.
d) Die Angebote A und B sind gleichwertig.

14. Zwei Hasen benötigen acht Tage, um das Gras eines Rasens komplett aufzufuttern. Wie viele Tage benötigen zehn Hasen?
a) 1,8 Tage
b) zwei Tage
c) 1,4 Tage
d) 1,6 Tage

15. Die Klasse hat 32 Schüler. Heute sind vier Schüler abwesend. Wie viel Prozent der Schüler sind heute anwesend?
a) 96 %
b) 80 %
c) 12,5 %
d) 87,5 %

Lösungen: Textaufgaben

1. a)	6. c)	11. b)
2. d)	7. b)	12. b)
3. b)	8. a)	13. b)
4. d)	9. b)	14. d)
5. d)	10. b)	15. d)

Zu 1.: a) Stellt man eine Gleichung auf, lässt sich das Alter leicht berechnen. Dazu wird das Alter als Variable x definiert:

$x + 2 = (x - 4) \times 2$

Löst man diese Gleichung nach x auf, erhält man: $2 = x - 8 \mid + 8$; $x = 10$. Daher ist das aktuelle Alter x = zehn Jahre.

Zu 2.: d) Da Kevin schneller ist als Anna und Liam, aber Emilia langsamer ist als Anna, kann nur Kevin der Schnellste sein.

Zu 3.: b) Chronologisch ist Benjamin der Schwerste, gefolgt von Arthur, dann Johanna und Paul ist der Leichteste.

Zu 4.: d) Insgesamt gibt es vier Kandidaten, da jedes Land aber nur einen Präsidenten wählt, ist Antwort d) richtig.

Zu 5.: d) Wenn ich den Fünften überhole, nehme ich den Platz als Fünftplatzierter ein. Werde ich nun zweimal überholt, rutsche ich auf den siebten Platz zurück.

Zu 6.: c) Sechs Äpfel wiegen ein Kilo, das 2,5-fache, also 2,5 kg, ergeben sich durch die 2,5-fache Anzahl an Äpfel:

$6 \times 2{,}5 = 15$ Äpfel

Zu 7.: b) Henry ist der Stärkste, gefolgt von Patrick, danach Linus und Andreas ist der Schwächste.

Zu 8.: a) Da Ben sorgfältiger ist als Sarah und Annika, aber lässiger ist als Michael, ist Michael der Sorgfältigste von allen vier.

Zu 9.: b) Wenn morgen Montag ist, haben wir heute Sonntag. Gestern war Samstag und der Tag davor war Freitag.

Zu 10.: b) Zur Lösung der Aufgabe stellen wir ein Gleichungssystem mit x = Anzahl Cousins und y = Anzahl Cousinen auf:

(I) $(|x| - 1) = |y|$

(II) $(|y| - 1) = 2\ |x|$

Gleichung (I) ist aus Sicht eines Cousins, daher steht auf der linken Seite (x – 1), analog dazu Gleichung (II) aus Sicht einer Cousine. Die Variablen x und y sind in Betragsstrichen, da uns die reine Anzahl und nicht das Vorzeichen interessiert.

Auflösen von (I) nach x ergibt:

(I) × $|x| = |y| + 1$

Einsetzen von (I)× in (II):

(II) × $(|y| - 1) = 2 \times (|y| + 1)$

$|y| - 1 = 2|y| + 2$

$|y| = -3$

$y = |-3| = 3$

Insgesamt sind drei Cousinen in der Familie.

Zu 11.: b) Zusammen haben zwei Bienen und drei Spinnen 36 Beine: sechs Beine × zwei Bienen + acht Beine × drei Spinnen = 36 Beine. Zwölf Enten besitzen insgesamt 24 Beine, da zwölf Enten × zwei Beine = 24 Beine sind. Somit fehlen noch insgesamt zwölf Hundebeine. Ein Hund hat vier Beine, damit ist Antwort b) richtig.

Zu 12.: b) Elfmal ist die richtige Antwort, da 17,99 € ÷ 1,50 € = 11,99 ergibt. In diesem Fall muss abgerundet werden.

Zu 13.: b) Vergleicht man die Angebote, zahlt man für den Einzelkauf 20 Tafeln × 0,89 € = 17,80 €. Nutzt man Angebot A, ergibt sich eine Summe von 5 × 4,20 € = 16,80 €. Angebot B liegt im Mittelfeld mit 10 × 8,50 € = 17,00 €. Antwort b) ist somit korrekt.

Zu 14.: d) Zwei Hasen brauchen acht Tage, damit braucht ein Hase doppelt so lange (16 Tage), um den Rasen aufzufuttern. Teilen sich zehn Hasen die Arbeit, brauchen sie nur ein Zehntel

der Zeit: 16 Tage ÷ zehn Hasen = 1,6 Tage.
Zu 15.: d) 28 Schüler sind noch anwesend, dadurch ergibt sich:
$p = 28 \div 32 \times 100\,\% = 87{,}5\,\%$ (siehe Kapitel Prozentrechnung)

Schlussfolgerungen

In Einstellungstests werden häufig bestimmte Aussagen getroffen oder Regeln und Einzelfälle genannt, die zu bestimmten Ergebnissen führen. Die Testperson muss dann entscheiden, ob die Aussage stimmt oder zu welchem Ergebnis die Regeln und Einzelfälle führen.

Beispiel

Welcher Weg ist der Kürzeste?
Weg A ist länger als Weg B.
Weg B ist kürzer als Weg C.
Weg C ist gleich kurz wie Weg D.
Weg D ist kürzer als Weg A.
Lösung: Weg B ist der Kürzeste.
Erklärung:
A > B
C > B
C = D daraus folgt (C = D) > B und A > B -> Weg B ist der Kürzeste
A > D daraus folgt A > C&D > B -> Weg B ist der Kürzeste

Welche der angebotenen Schlussfolgerungen ist richtig?

1. Alle Europäer sind Rechtshänder. Alle Rechtshänder sind Mechaniker. Schlussfolgerung:
a) Einige Mechaniker sind Europäer.
b) Alle Mechaniker sind Europäer.
c) Alle Rechtshänder sind Europäer.
d) Nicht alle Europäer sind Mechaniker.

2. Kein Schüler ist Lehrer. Einige Lehrer sind Beamte. Jemand ist entweder Schüler oder Lehrer. Ein Beamter kann, muss aber nicht, Lehrer sein. Schlussfolgerung:
a) Alle Schüler sind Beamte.
b) Alle Beamte sind Schüler.
c) Kein Schüler ist Beamter.
d) Einige Beamte könnten Schüler sein.

3. Einige Tiere sind Säugetiere. Alle Säugetiere sind grün. Schlussfolgerung:
a) Alle Tiere sind grün.
b) Einige Tiere sind grün.
c) Keines der Tiere ist grün.
d) Einige Tiere sind braun.

4. Alle Smartphones haben eine Kamera. Einige Kameras sind hochauflösend. Schlussfolgerung:
a) Alle Smartphones haben eine hochauflösende Kamera.
b) Einige Smartphones haben eine hochauflösende Kamera.
c) Keins der Smartphones hat eine hochauflösende Kamera.
d) Alle Kameras sind hochauflösend.

5. Alle Rennbahnen sind Straßen. Alle Straßen sind Verkehrsflächen. Schlussfolgerung:
a) Alle Rennbahnen sind Verkehrsflächen.
b) Keine Rennbahn ist eine Verkehrsfläche.
c) Keine Straße ist eine Verkehrsfläche.
d) Alle Straßen sind Rennbahnen.

6. Alle Scheren sind Pflanzen. Einige Scheren sind groß. Schlussfolgerung:
a) Alle Pflanzen sind groß.
b) Einige Pflanzen sind groß.
c) Keine der Pflanzen ist groß.
d) Alle Pflanzen sind klein.

7. Alle Komiker sind Unterhalter. Einige Unterhalter sind Musiker. Schlussfolgerung:
a) Alle Musiker sind nicht Komiker.
b) Alle Musiker sind Komiker.
c) Einige Musiker sind Komiker.
d) Kein Musiker ist ein Komiker.

8. Alle Italiener essen Pizza. Alle Italiener sind Europäer. Schlussfolgerung:
a) Einige Europäer essen Pizza.
b) Alle Europäer essen Pizza.
c) Alle Europäer sind Italiener.
d) Kein Europäer ist ein Italiener.

9. Alle Piloten sind Abenteurer. Keine Abenteurer sind Bergsteiger. Schlussfolgerung:
a) Einige Piloten sind keine Bergsteiger.
b) Alle Piloten sind keine Bergsteiger.
c) Einige Bergsteiger sind Piloten.
d) Alle Bergsteiger sind Piloten.

10. Einige Fluglinien verwenden alte Flugzeuge. Alte Flugzeuge sind sicher. Schlussfolgerung:
a) Alle Fluglinien sind sicher.
b) Einige Fluglinien verwenden sichere Flugzeuge.
c) Alle sicheren Flugzeuge sind alt.
d) Keines der sicheren Flugzeuge ist alt.

11. Einige Zahlen sind Primzahlen. Primzahlen sind immer schwarz. Schlussfolgerung:
a) Alle schwarzen Zahlen sind Primzahlen.
b) Einige schwarze Zahlen sind Primzahlen.
c) Alle Zahlen sind schwarz.
d) Zahlen sind entweder schwarz oder weiß.

12. Alle Polizisten sind schnell. Einige Menschen sind schnell. Schnelle Polizisten sind Menschen. Schlussfolgerung:
a) Alle Polizisten sind Menschen.
b) Alle Menschen sind Polizisten.
c) Alle schnellen Menschen sind Polizisten.
d) Kein Mensch ist ein Polizist.
e) Schnelle Polizisten sind keine Menschen.

13. Ein Pandabär ist ein Säugetier. Einige Säugetiere sind Affen. Ein Säugetier ist entweder ein Affe oder ein Pandabär. Schlussfolgerung:
a) Einige Pandabären sind Affen.
b) Alle Pandabären sind Affen.
c) Ein Affe kann ein Säugetier sein.
d) Alle Affen sind Säugetiere.
e) Ein Pandabär kann ein Affe sein.

14. Alle Universitäten haben Gebäude. Einige Gebäude sind einsturzgefährdet. Schlussfolgerung:
a) Alle Universitäten sind einsturzgefährdet.
b) Alle einsturzgefährdeten Gebäude sind Universitäten.
c) Einige Universitäten haben einsturzgefährdete Gebäude.
d) Ein einsturzgefährdetes Gebäude kann eine Universität sein.

15. Alle Gebäude sind Objekte. Alle Häuser sind Gebäude. Schlussfolgerung:
a) Alle Häuser sind Objekte.
b) Einige Häuser sind keine Objekte.
c) Ein Objekt kann kein Haus sein.
d) Alle Gebäude sind Häuser.

Lösungen: Schlussfolgerungen

1. a)	6. b)	11. b)
2. d)	7. c)	12. a)
3. b)	8. a)	13. c)
4. b)	9. b)	14. d)
5. a)	10. b)	15. a)

Zu 1.: a) Europäer -> Rechtshänder -> Mechaniker
Die Reihe funktioniert nur in eine Richtung, somit ist Schlussfolgerung b) und c) falsch. Da alle Europäer Rechtshänder und alle Rechtshänder Mechaniker sind, stimmt d) ebenfalls nicht. Somit ist a) korrekt.
Zu 2.: d) Da nicht ausgeschlossen wird, dass Schüler auch Beamte sein könnten, ist in diesem Fall Antwort d) richtig.
Zu 3.: b) einige Tiere -> Säugetiere
Säugetiere -> grün
Wenn in der ersten Aussage das letzte und in der zweiten Aussage das erste Wort inhaltlich übereinstimmen, kann der Zwischenschritt weggelassen werden.
Zu 4.: b) Smartphones -> Kamera
einige Kameras -> hochauflösend
Wenn alle Smartphones eine Kamera besitzen, aber nicht alle Kameras hochauflösend sind, gibt es Kameras mit und ohne hochauflösender Grafik. Antwort b) ist korrekt.
Zu 5.: a) Rennbahnen -> Straßen
Straßen -> Verkehrsflächen
Wie in Aufgabe 3 kann der Zwischenschritt entfernt werden, wenn er identisch ist.

Zu 6.: b) Scheren -> Pflanzen
einige Scheren -> groß
Da es mehr Pflanzen gibt als nur Scheren, fällt Antwort a) weg. Antwort c) und d) schließen sich ebenfalls aus, da nicht alle Pflanzen groß sind, aber auch nicht alle klein (siehe Teilschritt 2).
Zu 7.: c) Komiker -> Unterhalter
einige Unterhalter -> Musiker
Nur Antwort c) ist korrekt, da die Reihe auch umgedreht werden kann: einige Musiker, Unterhalter, Komiker.
Zu 8.: a) Italiener -> Pizza
Italiener -> Europäer
Da die Italiener nur ein Teil von Europa sind, essen einige Europäer Pizza. Gleiche Erklärung für Ausschluss b), c) und d).
Zu 9.: b) Piloten -> Abenteurer
Abenteurer -> kein Bergsteiger
Um den Zwischenschritt zu entfernen, wird die Aussage „gedreht".
Zu 10.: b) einige Fluglinien -> alte Flugzeuge
alte Flugzeuge sicher
Der Zwischenschritt kann übersprungen werden.
Zu 11.: b) einige Zahlen -> Primzahlen
Primzahlen -> schwarz
Es ist anzunehmen, dass mehrere Farben und mehr schwarze Zahlenarten existieren, nicht nur die Primzahlen, daher stimmen die Aussagen a), c) und d) nicht.
Zu 12.: a) Da alle Polizisten schnell sind und schnelle Polizisten Menschen sind, sind somit alle Polizisten Menschen.
Zu 13.: c) Es wird nicht ausgeschlossen, dass Affen etwas anderes sein können als Säugetiere, deshalb ist c) richtig.
Zu 14.: d) Einige Gebäude sind einsturzgefährdet.
Aufgrund der Tatsache, dass nicht alle Gebäude einsturzgefährdet sind, sind es auch nicht alle Universitäten. Antwort a) ist falsch. Nicht nur in der Universität existieren einsturzgefährdete

Gebäude, somit fällt Antwort b) weg. Da nicht klar definiert ist, ob die Gebäude, die einsturzgefährdet sind, zu einer Universität gehören, ist c) ebenfalls falsch. Nur Antwort d) berücksichtigt alle Aspekte und nennt eine wahre Schlussfolgerung.

Zu 15.: a) Gebäude ist eine Untermenge von Objekt. Haus ist eine Untermenge von Gebäude. Somit sind alle Häuser auch Objekte.

Zahnrad-Aufgaben

Das Verständnis logischer Vorgänge bei Zahnrädern ist für Anwärter einer technischen Ausbildung besonders wichtig.

1. Welche Drehrichtung ist bei diesen Zahnrädern richtig eingezeichnet?

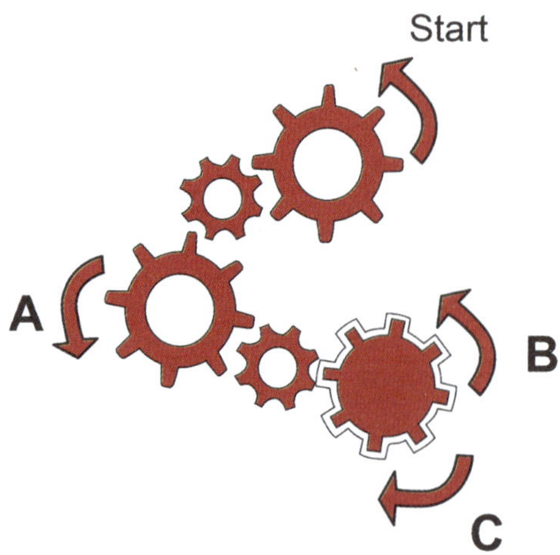

a) A und B
b) nur B
c) nur C
d) nur A

2. Welche Drehrichtung ist bei diesen Zahnrädern richtig eingezeichnet?

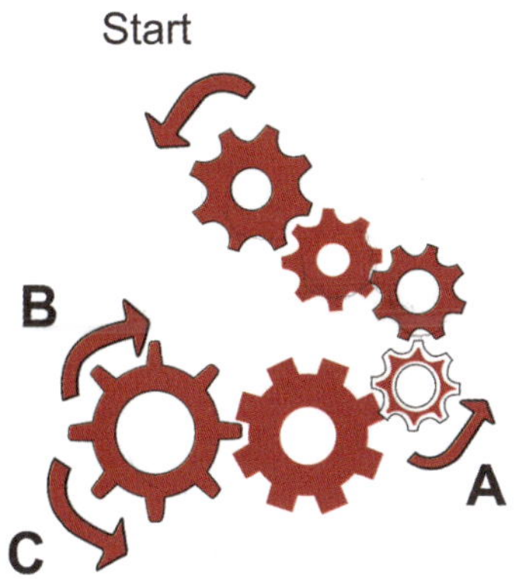

a) A und B
b) nur A
c) nur B
d) nur C

3. Welche Drehrichtung ist bei diesen Zahnrädern richtig eingezeichnet?

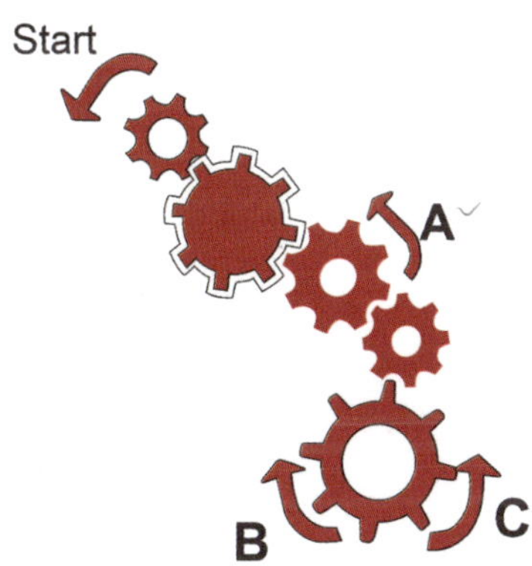

a) A und B
b) A und C
c) nur A
d) nur B

4. Welche Drehrichtung ist bei diesen Zahnrädern richtig eingezeichnet?

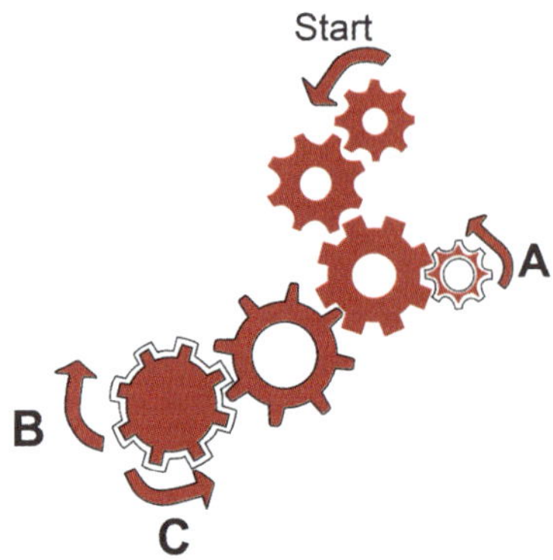

a) A und B
b) A und C
c) nur B
d) nur C

5. Welche Drehrichtung ist bei diesen Zahnrädern richtig eingezeichnet?

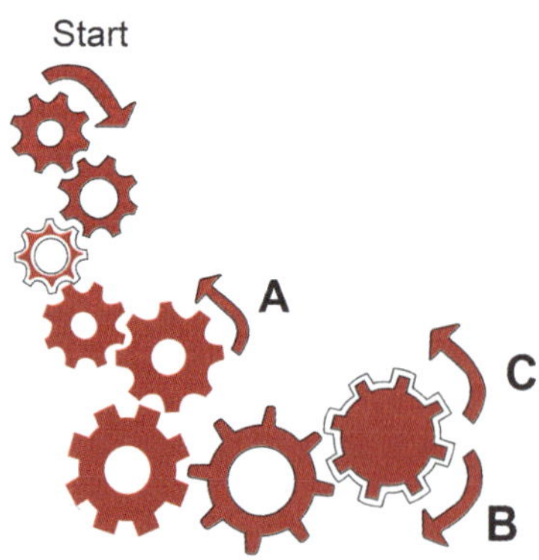

a) A und B
b) A und C
c) nur B
d) nur C

6. Welche Drehrichtung ist bei diesen Zahnrädern richtig eingezeichnet?

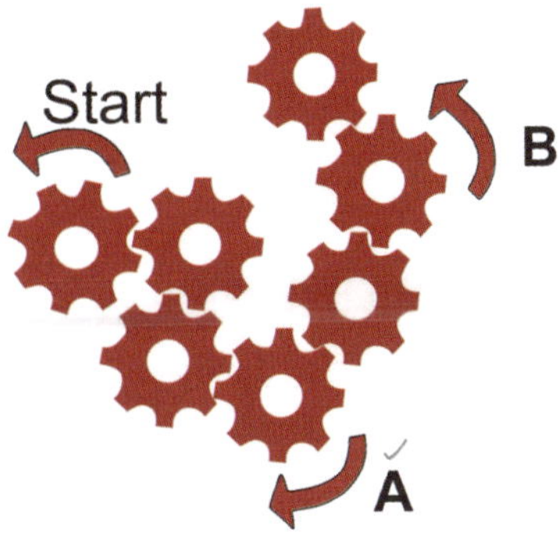

a) A und B
b) nur A
c) nur B
d) nicht A und nicht B

7. Welche Drehrichtung ist bei diesen Zahnrädern richtig eingezeichnet?

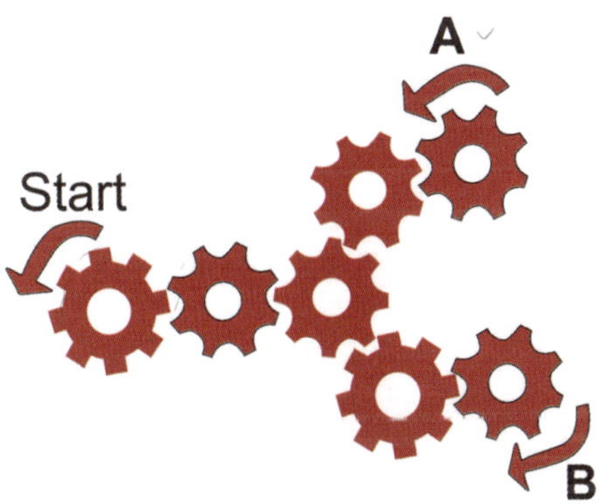

a) A und B
b) nur A
c) nur B
d) nicht A und nicht B

8. Welche Drehrichtung ist bei diesen Zahnrädern richtig eingezeichnet?

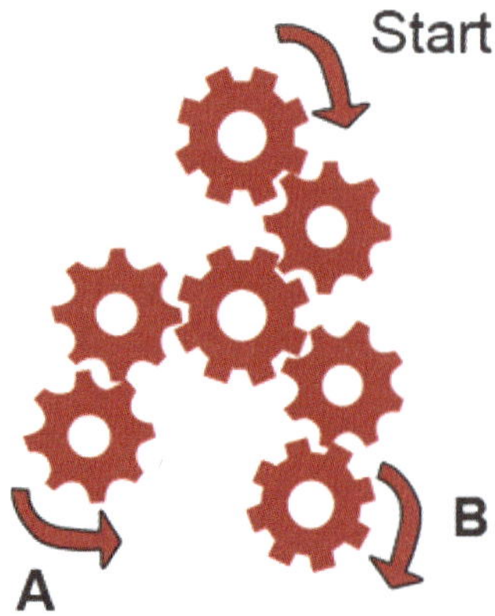

a) A und B
b) nur A
c) nur B
d) nicht A und nicht B

9. Welche Drehrichtung ist bei diesen Zahnrädern richtig eingezeichnet?

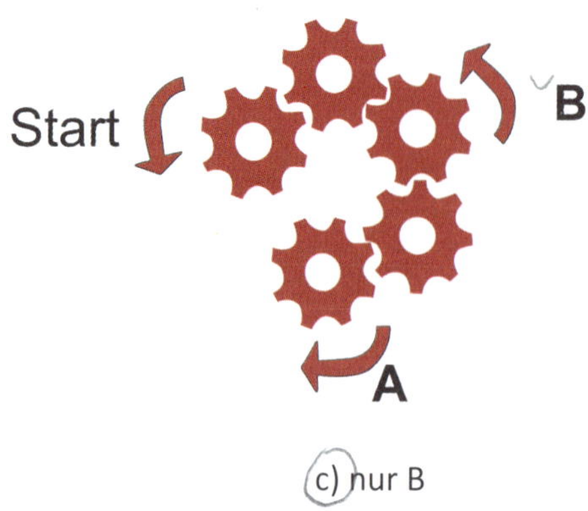

a) A und B
b) nur A
c) nur B
d) nicht A und nicht B

10. Welche Drehrichtung ist bei diesen Zahnrädern richtig eingezeichnet?

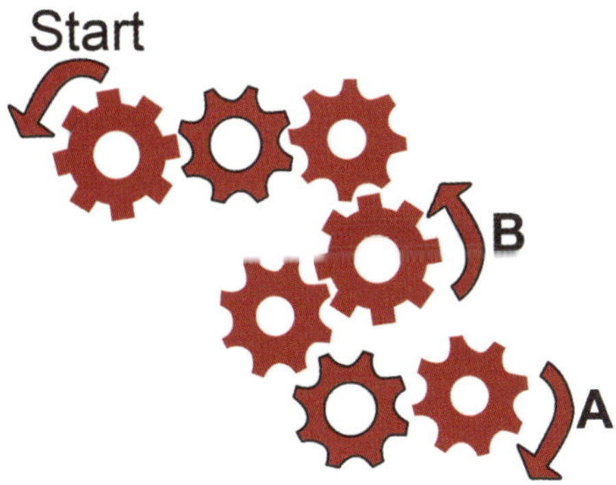

a) A und B
b) nur A
c) nur B
d) nicht A und nicht B

Lösungen: Zahnrad-Aufgaben

1. a)	5. d)	9. c)
2. c)	6. b)	10. d)
3. b)	7. b)	
4. d)	8. c)	

Konzentration

Durch Aufgaben zur Konzentrationsfähigkeit versuchen Arbeitgeber Vorhersagen zu treffen, wie gründlich, schnell und zuverlässig jemand arbeitet. Trotzdem sollte man sich als Bewerber nicht aus der Ruhe bringen lassen und versuchen, in der gegebenen Zeit so viele Aufgaben wie möglich zu lösen.

Chinesische Zeichen

Diese Aufgabe wird speziell bei der Bundeswehr häufig verwendet.

In der Tabelle auf der nächsten Seite werden die Spalten anhand von Buchstaben benannt. Neben jeder Spalte in jeder Zeile befinden sich chinesische Zeichen. Diesen Zeichen sind Ziffern zugeordnet, die in der folgenden Tabelle zu sehen sind:

担	诚	记	情	激	真	当	创	新	南
0	1	2	3	4	5	6	7	8	9

In der Tabelle auf der nächsten Seite werden in der vertikalen Spalte chinesische Zeichen mit einem leeren Feld rechts daneben angezeigt. In das leere Feld muss die Summe aus dem chinesischen Zeichen links daneben und dem chinesischen Zeichen darunter berechnet werden. Auf der übernächsten Seite findest du dazu ein Beispiel.

A		B		C		D		E	
记	6	担	1	真	8	记	7	激	8
激	5	诚	6	情	5	真	7	激	11
诚	2	真	7	记	7	记	3	创	10
诚	6	记	9	真	13	诚	6	情	8
真	5	创	11	新	12	真	8	真	9
担	5	激	10	激	11	情	9	激	10
真	7	当	6	创	8	当	13	当	8
记	3	担	4	诚	9	创	11	记	6
诚	3	激	7	新	10	激	11	激	5
记	7	情	8	记	5	创	12	诚	7
真		真		情		真		当	

Beispiel

Schauen wir uns das oberste chinesische Symbol an. Es entspricht der Nummer 2. Das chinesische Symbol direkt darunter entspricht der Nummer 4. Die Zuordnungen kannst du einfach in der Tabelle weiter oben ablesen. Im zweiten Feld wird einfach die Zahl 4 eingetragen, da darunter keine weiteren Zeichen vorhanden sind.

Um das Feld in der ersten Zeile zu berechnen, müssen wir nun die Werte der beiden chinesischen Zeichen addieren: 2 + 4 = 6. Deshalb wird in das erste Feld die Zahl 6 eingetragen.

Aufgabe

Bitte fange in jeder Spalte oben mit deinen Berechnungen an und arbeite dich nach unten durch. Hast du die Spalte A komplett bearbeitet, fährst du von links nach rechts mit Spalte B fort und so weiter.

Lösungen: Chinesische Zeichen

Reihe A: 6, 5, 2, 6, 5, 5, 7, 3, 3, 7
Reihe B: 1, 6, 7, 9, 11, 10, 6, 4, 7, 8
Reihe C: 8, 5, 7, 10, 12, 11, 8, 9, 10, 5
Reihe D: 7, 7, 3, 6, 8, 9, 13, 11, 11, 12
Reihe E: 8, 11, 10, 8, 9, 10, 8, 6, 5, 7

bqpd-Test

Aus der folgenden Buchstabenreihe muss jeder Buchstabe d, der durch zwei Striche gekennzeichnet ist, markiert werden. Folgende Kombinationen gelten dabei als richtig:

I		II
d	d	d
I	II	

1. Wie viele Markierungen (Treffer) hat die folgende Zeile:

I	II		I	II		I	II		I			I	II	I			I		II		I			I
b	d	b	d	b	d	b	d	b	d	b	b	b	d	d	d	d	b	d	d	q	d	b	q	d
				I	II		I	II		I	II		I			I	II	I			I		II	

Anzahl: 4

2. Wie viele Markierungen (Treffer) hat die folgende Zeile:

I			I	I	II		I	II		I	II		I			I	II	I			I		II	
d	b	d	b	b	d	b	q	b	b	d	b	d	q	d	b	d	b	d	d	d	d	d	b	d
II		I	II		I	II		I			I	II	I			I		II		I			I	

Anzahl: 2

3. Wie viele Markierungen (Treffer) hat die folgende Zeile:

II		I	II		I			I	II	I			I		II		I			I				
b	d	d	d	q	q	d	d	d	d	d	b	d	d	d	d	d	q	d	d	d	b	b	d	d
	I	II		I	II		I	II		I			I	II	I			I		II		I		

Anzahl: 5

4. Wie viele Markierungen (Treffer) hat die folgende Zeile:

I	II		I	II		I			I	II	I			I		II		I			I			
d	d	d	d	q	d	q	d	d	d	b	d	d	b	q	b	d	d	b	q	d	d	d	d	b
		I	II		I	II		I	II		I			I	II	I			I		II		I	

Anzahl: 2

5. Wie viele Markierungen (Treffer) hat die folgende Zeile:

q d d d b d d d q b d d b b d d q d d d d q b d b

Anzahl: 6

6. Wie viele Markierungen (Treffer) hat die folgende Zeile:

d d d b d b d d d d b d d d b q d d b d d q d d b

Anzahl: 5

7. Wie viele Markierungen (Treffer) hat die folgende Zeile:

d d d b d b d d d d b d d d b q d d b d d q d d b

Anzahl: 7

8. Wie viele Markierungen (Treffer) hat die folgende Zeile:

d d d b d b d d d d b d d d b q d d b d d q d d b

Anzahl: ~~9~~ 10

9. Wie viele Markierungen (Treffer) hat die folgende Zeile:

d b d b b d b q b b d b d q d b d b d d d d d b d

Anzahl: 6

10. Wie viele Markierungen (Treffer) hat die folgende Zeile:

ll	l			l	l	ll		l	ll		l	ll		l			l	ll	l			l		ll
d	b	d	b	b	d	b	q	b	b	d	b	d	q	d	b	d	b	d	d	d	d	d	b	d
	l	ll	l	ll			ll	ll	l			l	l		ll		l	ll		l	ll		l	

Anzahl: 84

Lösungen: bqpd-Test

1. 4 Treffer	5. 6 Treffer	9. 6 Treffer
2. 2 Treffer	6. 5 Treffer	10. 4 Treffer
3. 5 Treffer	7. 7 Treffer	
4. 2 Treffer	8. 10 Treffer	

Weg/Pfad finden

Jeder Pfad führt von einem Buchstaben zu einer bestimmten Zahl. Versuche, den Pfad nachzuvollziehen und ordne den Buchstaben die passende Zahl zu.

1. Aufgabe

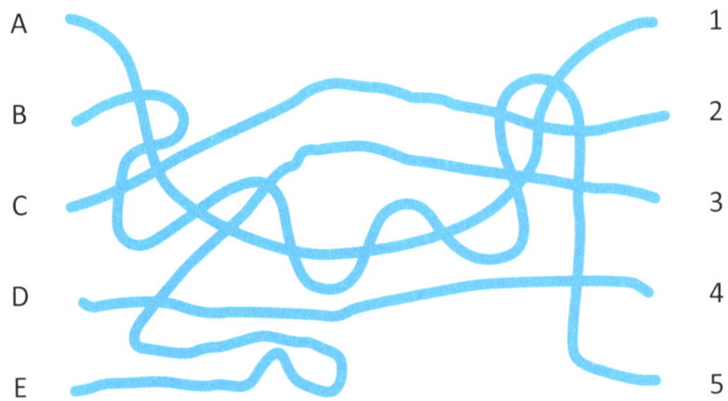

Trage die zugehörigen Zahlen ein:

A - 1   B - 5   C - 2   D - 4   E - 3

2. Aufgabe

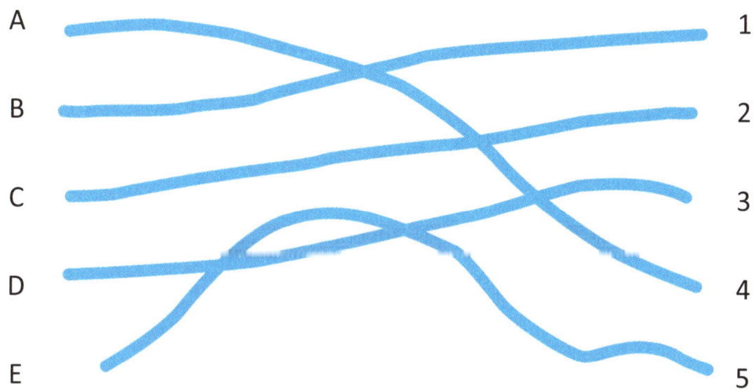

Trage die zugehörigen Zahlen ein:

A - 4 B - 1 C - 2 D - 3 E - 5

3. Aufgabe

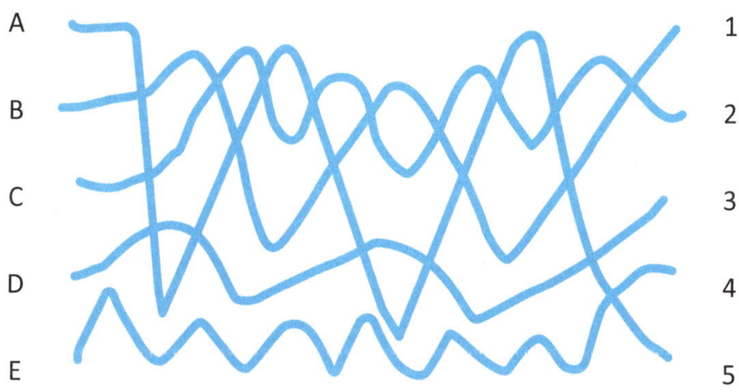

Trage die zugehörigen Zahlen ein:

A - 5 B - 1 C - 2 D - 3 E - 4

4. Aufgabe

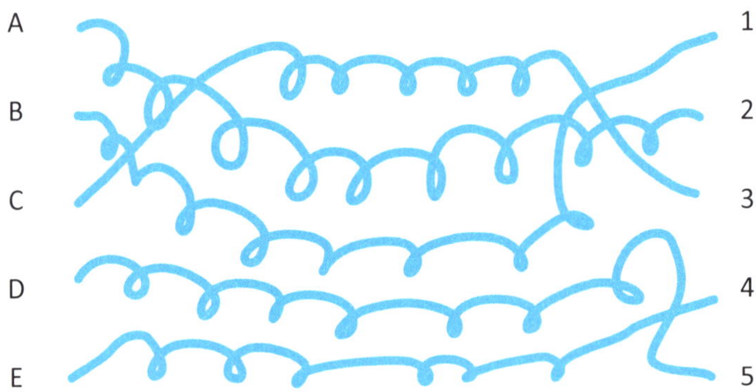

Trage die zugehörigen Zahlen ein:

A - 2 B - 1 C - 3 D - 5 E - 4

5. Aufgabe

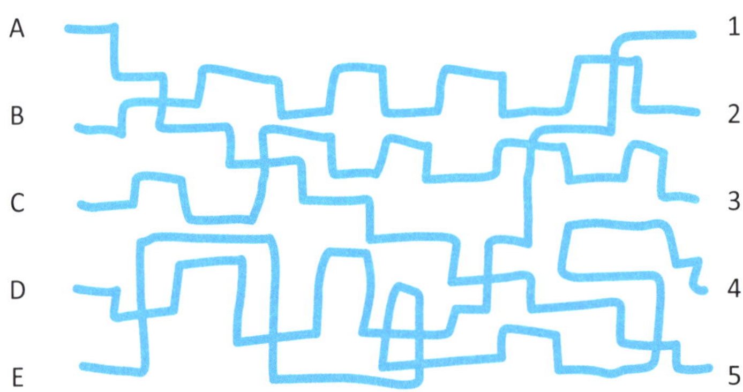

Trage die zugehörigen Zahlen ein:

A - 5 B - 2 C - 3 D - 1 E - 4

6. Aufgabe

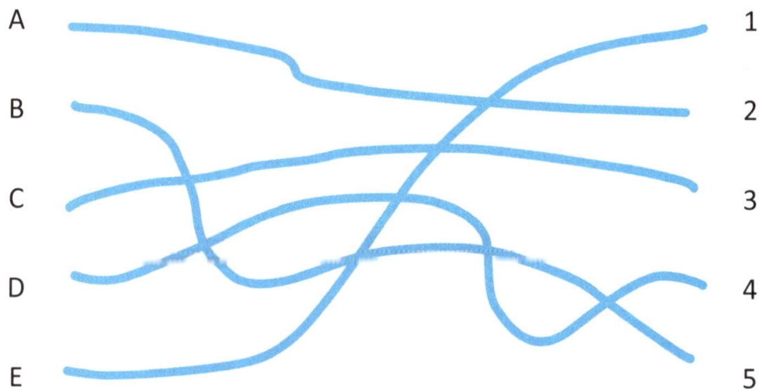

Trage die zugehörigen Zahlen ein:

A - 2   B - 5   C - 3   D - 4   E - 1

7. Aufgabe

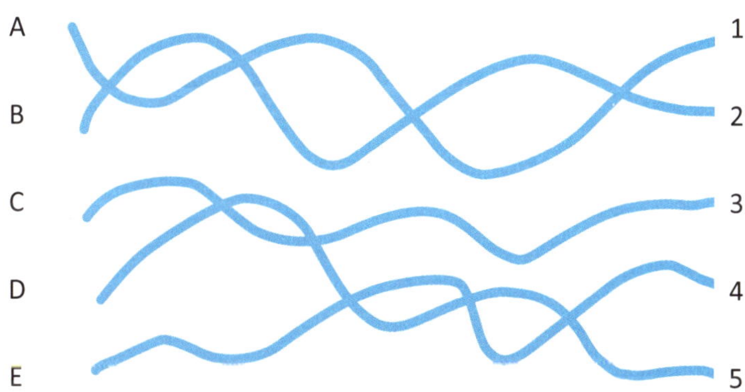

Trage die zugehörigen Zahlen ein:

A - 1   B - 2   C - 3   D - 5   E - 4

8. Aufgabe

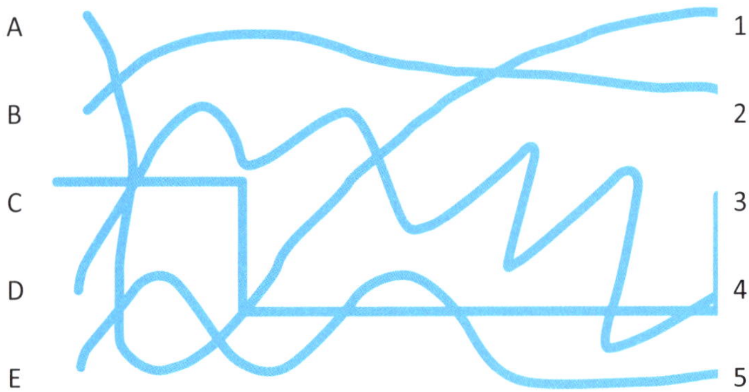

Trage die zugehörigen Zahlen ein:

A - 1 B - 2 C - 3 D - 4 E - 5

9. Aufgabe

Trage die zugehörigen Zahlen ein:

A - 1 B - 2 C - 5 D - 3 E - 4

10. Aufgabe

A
B
C
D
E

1
2
3
4
5

Trage die zugehörigen Zahlen ein:

A - 3 B - 2 C - 4 D - 5 E - 1

Lösungen: Weg/Pfad finden

1. A 1, B 5, C 2, D 4, E 3
2. A 4, B 1, C 2, D 3, E 5
3. A 5, B 1, C 2, D 3, E 4
4. A 2, B 1, C 3, D 5, E 4
5. A 5, B 2, C 3, D 1, E 4
6. A 2, B 5, C 3, D 4, E 1
7. A 1, B 2, C 3, D 5, E 4
8. A 1, B 2, C 3, D 4, E 5
9. A 1, B 2, C 5, D 3, E 4
10. A 3, B 2, C 4, D 5, E 1

Personendaten abgleichen

Bei dieser Aufgabe geht es darum, die Personendaten links und rechts inhaltlich abzugleichen. Die Daten müssen nicht identisch formatiert sein, sollten aber die gleiche Information beinhalten. Beispiel: Umlaute ü,ö,ä können in der Form ue, ae, oe geschrieben sein. Telefonnummern, die ein unterschiedliches Format haben (0151, 0049151, +49 (0)151) gelten trotzdem als richtig. Bei der Vorwahl wird stets die deutsche Vorwahl verwendet, sodass +49 und 0 gleichzusetzen sind. Trage zum Schluss alle Datensatznummern ein, die einen inhaltlichen Fehler aufweisen.

1. Michael Fischer Geb.: 15. Juli 2001 Tel.: 0049 151 39 28 19 81	Michaela Fischer Geb.: 15. Juli 2001 Tel.: 0049 151 / 39281981
2. Mattis Böhm Geb.: 08.06.1997 Tel.: 0178 / 25 78 91 14	Mattis Boehm Geb.: 8. Juni 1997 Tel.: 0178 / 25 78 91 14
3. Veronika Vogt Geb.: 27. Februar 1999 Tel.: 0291 / 76 99 73 14	Veronika Vogt Geb.: 27. Februar 1999 Tel.: 0291 / 76987314
4. Esther Dietrich Geb.: 18 Sep. 2003 Tel.: 0049 17839281979	Esther Ditrich Geb.: 15 Juli 2001 Tel.: 0049 151 39 28 19

5. Thilo Kühn Geb.: 9. Mai 1997 Tel.: 0049 981376841378	Thilo Kühn Geb.: 9.05.1997 Tel.: 0981 / 37 68 41 378
6. Lian Seidel Geb.: 19. November 1971 Tel.: 089 64 72 38 91	Lian Seidel Geb.: 19.11.1971 Tel.: 089 647 238 91
7. Juliane Arnold Geb.: 9. Oktober 2002 Tel.: 0049 9847 31 24 87	Juliane Arnold Geb.: 9.10.2002 Tel.: 09847 31 24 78
8. Mehmet Erdem Geb.: 5. Januar 1978 Tel.: 0593 813 768 41	Mehmet Erdem Geb.: 05.01.1978 Tel.: 059381376841
9. Michail Chokovski Geb.: 13. August 1989 Tel.: 0049 178 638 947 64	Michail Chokovski Geb.: 13.08.1989 Tel.: 0049 17863894764
10. Isabel Pfeiffer Geb.: 16. März 2003 Tel.: 0160 / 73 41 59 98	Isabel Pfeiffer Geb.: 16.03.2002 Tel.: +49 (0)16073415998

Nummern der falschen Datensätze: 1/3/4/7/10

Lösungen: Personendaten abgleichen

Falsche Datensätze: 1, 3, 4, 7, 10

Postkorbübung

Die Postkorbübung gehört zu fast jedem ein- oder mehrtägigen Assessment Center dazu. Innerhalb kürzester Zeit, meist innerhalb von 20 bis 50 Minuten, müssen hierbei bestimmte Dokumente nach Wichtigkeit und Dringlichkeit sortiert werden und im Anschluss bestimmte Maßnahmen abgeleitet werden. Hierbei achten die Prüfer besonders auf deine Stressresistenz, dein Arbeitstempo, eine fehlerfreie Arbeitsweise und die Entschlussfähigkeit.

Und so kann deine Postkorbübung aussehen:

Heute ist der 5. August 2017 und es ist genau 9:30 Uhr. Du bist Vertretungskraft für Herrn Joachim Faber, dem Projektmanager in einem IT-Unternehmen, welches Buchführungssoftware anbietet. Dein Kollege befindet sich bereits seit zwei Wochen im Urlaub und fällt weiterhin für eine ungewisse Zeit krankheitsbedingt aus. Du hast dir vorgenommen, sein E-Mail-Postfach aufzuräumen, in welchem sich bereits 30 ungelesene Nachrichten befinden. Für die Bearbeitung hast du dir folgende Gedanken gemacht:

Alle Fehlermeldungen, PC-Probleme und Softwarefehler leitest du direkt an den Entwickler Herr Söhrensen weiter

Ist eine Fehlermeldung, ein gemeldetes PC-Problem oder die Meldung über einen Softwarefehler älter als fünf Tage oder aber das Problem ist besonders dringend, rufst du den Absender stattdessen direkt an und bittest um einen Aufschub.

Handelt es sich um eine neue Anforderung an die Software, nimmst du den Vorschlag auf und antwortest dem Absender per E-Mail. Genauso verfährst du bei sonstigen Kundennachrichten.

Alle privaten E-Mails werden von dir ignoriert, genauso wie Spam-Mails oder E-Mails von Frau Katrin Lehmann.

Bei allen finanziellen Angelegenheiten (Mahnungen, Rechnungen, Rabatte, Angebote, Kostenvoranschläge) oder bei Kritik an der Organisation, leitest du die E-Mail an Frau Schmidt aus der Buchhaltung und Organisation weiter.

Bitte gebe nach jeder E-Mail an, wie du vorgehen würdest.

Deine Vorgehensweise:

a) Weiterleitung an Herr Söhrensen
b) Anruf
c) auf E-Mail antworten
d) ignorieren
e) Weiterleitung an Frau Schmidt

Für die folgende Aufgabe hast du 20 Minuten Zeit.

E-Mail Nr. 1:
Datum: 29. Juli 2017, 9:00:24
Von: Monika Albrecht
Text:
Sehr geehrte Damen und Herren,

heute Morgen startete ich den PC und ich konnte die gestern gespeicherten Rechnungen nicht mehr aufrufen. Weder vom Desktop-PC aus, noch von meinem Smartphone. Was soll ich nun machen?

Freundliche Grüße
Monika Albrecht

E-Mail Nr. 2:
Datum: 31. Juli 2017, 17:12:43
Von: Marlene Huber
Text:
Sehr geehrte Damen und Herren,

Ich glaube, bei Ihnen läuft etwas gewaltig schief. Ich kann weder telefonisch noch per E-Mail irgendjemanden erreichen. Ich versuche es schon seit über einer Woche und unsere Buchhaltung kann nicht weiterarbeiten. Das wird finanzielle Konsequenzen für Sie haben.

Mit freundlichen Grüßen
Marlene Huber

E-Mail Nr. 3:
Datum: 24. Juli 2017, 9:19:01
Von: Katrin Lehmann
Text:
Sehr geehrter Herr Faber,

wie schon die letzten Tage habe ich auch heute wieder das Problem, dass der Bildschirm während der Arbeit immer wieder ausgeht. Es wird auf einmal alles schwarz und ich kann nicht weiterarbeiten. Dann ziehe ich den Stecker, warte eine Minute und mache danach alles wieder an. Nach einer halben Stunde wieder das gleiche Problem. Bitte helfen Sie mir.

Mit freundlichen Grüßen

E-Mail Nr. 4:
Datum: 16. Juni 2017, 14:32:29
Von: Maja Scholz
Text:
Sehr geehrte Damen und Herren,

Ich habe letzte Woche Ihre Software gekauft, merke aber nun, dass mir das Kundenstammdaten-Modul fehlt. Wie kann ich es aktivieren? Muss ich dafür das Debitorenprogramm zusätzlich ordern oder lässt sich das mit wenigen Klicks beheben?

Mit freundlichen Grüßen
Maja Scholz

E-Mail Nr. 5:
Datum: 06. Juli 2017, 23:06:24
Von: Wladimir Sukin
Text:
Sehr geehrte Damen und Herren,

Ich weiß, Rechnungen können vergessen werden. Deshalb möchte ich Sie wiederholt an die Zahlung unserer Rechnung vom 23.05.2017 erinnern.

Mit freundlichen Grüßen
Wladimir Sukin

E-Mail Nr. 6:
Datum: 4. August 2017, 16:15:45
Von: Lotterie Nord-West
Text:
Sehr geehrte Damen und Herren,

Wir gratulieren Ihnen zu Ihrem Gewinn. Sie nahmen erfolgreich an unserer Glückslotterie teil und gewinnen 500.000 Euro. Damit wir Ihnen die Summe überweisen können, klicken Sie bitte hier: *LINK* und geben Sie Ihre Bankverbindung sowie Ihre TAN-Nummer ein. Schon wenige Augenblicke später führen wir den Transfer aus.

Mit freundlichen Grüßen
Ihre Lotterie Nord-West

E-Mail Nr. 7:
Datum: 28. Juli 2017, 11:10:18
Von: Katrin Lehmann
Text:
Sehr geehrter Herr Faber,

da ich noch immer keine Antwort auf meine E-Mail vom 24. Juli von Ihnen erhalten habe, sehe ich mich gezwungen, das Programm zu kündigen. Ich bitte Sie, mir die überwiesenen 28,90 Euro für die letzten drei Monate zurückzuerstatten.

Mit freundlichen Grüßen
i.V. Katrin Lehmann

E-Mail Nr. 8:
Datum: 30. Juli 2017, 19:45:42
Von: Hans Beck
Text:
Hallo Herr Faber,

Ich weiß nicht, ob ich bei Ihnen richtig bin, aber ich fange einfach mal an: Ich habe einen kleinen Handwerksbetrieb und möchte mich in naher Zukunft zur Ruhe setzen, deshalb wird der Betrieb aufgelöst. Mein Sohn möchte nun alle Kundenstammdaten, Lieferanten und Projekte in sein Unternehmen mit einer anderen Software überführen. Dazu müssen die Daten in einer „XML-Datei" vorliegen, so seine Aussage. Kann man das mit Ihrer Software so lösen?

Besten Dank im Voraus.
Mit freundlichen Grüßen
Hans Beck

E-Mail Nr. 9:
Datum: 15. Juli 2017, 14:35:58
Von: Firma Seibert
Text:
Sehr geehrte Damen und Herren,

Wir hatten bei Ihnen das gesamte FiBi-Paket gebucht, doch leider kann unsere IT die Software noch immer nicht installieren. Es kommt während des Installationsvorgangs zu einem unerwarteten Fehler, sodass dieser nicht abgeschlossen werden kann. Wir bitten um einen schnellen Rat von einem Fachmann.

Mit freundlichen Grüßen
i.A. Amelie Neumann
Firma Seibert

E-Mail Nr. 10:
Datum: 2. Aug. 2017, 12:13:41
Von: Mattis Krieger
Text:
Sehr geehrte Damen und Herren,

sehe ich das richtig, dass ich für den Rechnungsdruck das Dokument erst speichern muss, danach wieder schließen und erst dann öffnen und in ein PDF-Dokument umwandeln muss? Versuche ich die Rechnung aktuell direkt in das PDF-Format umzuwandeln, erhalte ich nur ein leeres Blatt. Es kann doch nicht so kompliziert sein, oder?

Mit freundlichen Grüßen
Mattis Krieger

E-Mail Nr. 11:
Datum: 03. August 2017, 17:24:15
Von: Jochen Kaiser
Text:
Sehr geehrte Damen und Herren,

nach anfänglicher Skepsis habe ich mich nun doch für Ihr Produkt entschieden und war die ersten Tage auch zufrieden. Nun überwiegt aber wieder die Skepsis, da ich beim Erstellen von Angebot 2 die Meldung erhalte: „Unknown Error". Ich weiß nicht, wie ich das Angebot abschließen soll, und mein Kunde wartet darauf. Im Anhang sende ich Ihnen einen Screenshot.

Mit freundlichen Grüßen
Kaiser

E-Mail Nr. 12:
Datum: 02. August 2017, 6:15:48
Von: Melanie Lange
Text:
Sehr geehrte Damen und Herren,

Ich sitze vor einem kleinen Problem und komme nicht weiter. Meine Kostenvoranschläge werden immer auf zwei Seiten gedruckt, obwohl ich nur eine Position habe. Bei den Rechnungen klappt es mit dem Druck auf eine Seite. Mache ich was falsch?

Mit freundlichen Grüßen
Melanie Lange

E-Mail Nr. 13:
Datum: 9. Juli 2017, 16:00:19
Von:
Text:
Hallo Joachim,

Ich bin's, die Mama von Josephie. Ich wollte fragen, ob Emelie nächste Woche Dienstag uns mal besuchen kommen mag. Josephie würde sich sehr darüber freuen. Gerne kann ich die beiden nach dem Kindergarten zusammen abholen.

Liebe Grüße
Monika

E-Mail Nr. 14:
Datum: 31. Juli 2017, 5:15:45
Von: Annabell Sauer
Text:
Sehr geehrter Herr Faber,

das mit dem Neustart hatte nicht funktioniert. Obwohl ich schon alles Mögliche ausprobiert habe, wird mir das PDF für die Rechnung nicht ausgegeben. Stattdessen erhalte ich ein Dokument mit lauter Sonderzeichen. Bitte helfen Sie mir. Ich bin schon echt verzweifelt.

Grüße
Annabell Sauer

E-Mail Nr. 15:
Datum: 1. August 2017 18:08:47
Von: Patrick Seilbach
Text:
Hi Joachim,

Ich hoffe, dir, deiner Frau und den Kindern geht es gut. Leider kann ich nächste Woche nicht mit zum geplanten Segeltörn, da in meiner Familie alle krankheitsbedingt ziemlich angeschlagen sind. Aber an der Kostenpauschale in Höhe von 300 Euro bleibe ich selbstverständlich weiter beteiligt.

Viele Grüße
Patrick

E-Mail Nr. 16:
Datum: 4. August 2017 13:11:18
Von: Shirin Arlan
Text:
Sehr geehrte Damen und Herren,

Wir haben die Software gekauft und uns fehlen noch folgende Funktionen:
Wir müssen unsere Rechnungen direkt mit dem Paypal-Konto verbinden, sodass eine Zuordnung zu den Zahlungen möglich ist.
Wir müssen alle Kontenbewegungen als CSV-Datei an die Steuerkanzlei weiterleiten. Wie können wir das bewerkstelligen?

Bitte melden Sie sich schnell.

Mit freundlichen Grüßen
Shirin Arlan

E-Mail Nr. 17:
Datum: 2. August 2017, 16:28:37
Von: Katrin Lehmann
Text:
Sehr geehrter Herr Faber,

Ich bin's mal wieder! :-) Das Problem mit meinem Bildschirm hat sich anscheinend von selbst gelöst. Mein Neffe kam letztens zu mir und meinte, dass ich wohl beim Putzen das Netzkabel des Monitors erwischt habe und dieses wohl etwas lose war. Das Kabel steckt nun wie es soll und alles funktioniert prima. Ich bleibe Ihnen somit auch weiterhin treu.

Mit freundlichen Grüßen
Katrin Lehmann

E-Mail Nr. 18:
Datum: 29. Juli 2017, 14:47:46
Von:
Text:
Sehr geehrte Damen und Herren,

wie besprochen sende Ich Ihnen unser Angebot für die beiden .NET-Entwickler zur Behebung der Fehler Nr. 2–5.

Mit freundlichen Grüßen

E-Mail Nr. 19:
Datum: 28. Juli 2017, 7:28:51
Von: Apotheker um die Ecke
Text:
Sehr geehrte Damen und Herren,

plagen auch Sie andauernd Potenzprobleme? Damit ist jetzt Schluss! Mit unseren neuen Produkten zur Bekämpfung von Erektionsstörungen haben Sie ein Problem weniger. Für schlappe 29,99 Euro erhalten Sie eine Packungseinheit zum Kennenlernpreis.

Mit freundlichen Grüßen
Ihr Apotheker

E-Mail Nr. 20:
Datum: 31. Juli 2017, 19:03:47
Von: Lennard Fuchs
Text:
Hallo Joachim,

der Kunde „Kanalbau Nord" hat unsere Rechnung mit der Nr. 938271 noch immer nicht beglichen, obwohl wir bereits zweimal angemahnt haben. Kannst du direkt mal nachhaken, woran das liegt?

Grüße
Lennard

Lösungen: Postkorbübung

Hinweis: Bei einigen E-Mails sind mehrere Lösungen möglich. Wichtig ist nur, dass du den eigenen Lösungsansatz stichhaltig begründen kannst.

a
e
d
c
e
d
d
c
b
a
b
a
d
b
d
c
d
e
d
e

Sprache

Beinahe jeder Einstellungstest beinhaltet Aufgaben zum Wort- und Sprachverständnis. Ein guter Wortschatz, Sprachgefühl und Sprachfantasie sind hier gefragt. Wortbedeutungen müssen sinngemäß erfasst werden.

Deutsche Grammatik

1. Wie viele Silben hat das folgende Wort: Rinderwahnsinn?

a) 3
b) 4
c) 5
d) 6

2. Wie wird das folgende Wort richtig getrennt: Interessantes?

a) In|ter|es|sa|ntes
b) Inte|ress|an|tes
c) In|ter|es|san|tes
d) In|te|res|san|tes

3. Wie wird das folgende Wort richtig getrennt: Zeiterfassung?

a) Zeit|er|fas|sung
b) Zeit|er|fass|ung
c) Zei|ter|fas|sung
d) Zei|ter|fass|ung

4. Welche Schreibweise ist richtig?

a) Strafverfolgung
b) Strafverfolgnug
c) Straafverfolgung
d) Strafverfolguung

5. Wie wird das Wort richtig geschrieben?
a) Schiffahrt
b) Schiffffahrt
c) Schifffahrtt
d) Schifffahrt

6. Wie wird das Wort richtig geschrieben?
a) Bundesgrenzsschutz
b) Bundesgrenzschutz
c) Bundegrenzschutz
d) Bundesgrenzschuts

7. Indikativ Präsens: kennen; ich ...?
a) kennen
b) kannte
c) kann
d) kenne

8. Wie wird das folgende Wort richtig getrennt: Auseinandersetzung?
a) Aus|ei|nan|der|set|zung
b) Aus|ein|an|de|rset|zung
c) Au|sei|nan|der|set|zung
d) Aus|ei|nan|der|setz|ung

9. Bei welchem Wort handelt es sich um ein Adjektiv?
a) herzlich
b) Baum
c) ich
d) wie

10. Bei welchem Wort handelt es sich um ein Adjektiv?
a) Dorf
b) schön
c) welche
d) schwimmen

11. Bei welchem Wort handelt es sich um ein Adjektiv?
a) Sommer
b) niemals
c) steuern
d) cool

12. Bei welchem Wort handelt es sich um ein Verb?
a) herzlich
b) Baum
c) wie
d) laufen

13. Bei welchem Wort handelt es sich um ein Adverb?
a) gestern
b) Montag
c) wie
d) bemerkenswert

14. Bei welchem Wort handelt es sich um ein Objekt in folgendem Satz: „Johanna und Susi spielen mit ihrem Hund."
a) Johanna
b) Susi
c) spielen
d) Hund
e) ihrem

15. Bei welchem Wort handelt es sich um ein Prädikat in dem folgenden Satz: „Johanna geht gerne in den Stadtpark."
a) Johanna
b) geht
c) gerne
d) in den
e) Stadtpark

16. Bei welchem Wort handelt es sich um ein Subjekt in folgendem Satz: „Robert schwimmt oft im See."
a) Robert
b) schwimmt
c) oft
d) im
e) See

17. Bei welchem Wort handelt es sich um eine Präposition?
a) wir
b) du
c) es
d) in
e) sein

Bezugswort
(in, neben, seit..)

18. Bei welchem Wort handelt es sich um eine Konjunktion?
a) herzlich
b) und
c) ich
d) sein
e) so

Bindewort

19. Bei welchem Wort handelt es sich um ein Verb?
a) hundert
b) Stiftung
c) süß
d) sehen

20. Bei welchem Wort handelt es sich um ein Verb?

a) rollen

b) Rolle

c) rollig

d) Rollator

Lösungen: Deutsche Grammatik

1. b)	8. a)	15. b)
2. d)	9. a)	16. a)
3. a)	10.b)	17. d)
4. a)	11. d)	18. b)
5. d)	12. d)	19. d)
6. b)	13. a)	20. a)
7. d)	14. d)	

Diktate

Im Folgenden findest du zwei Diktate. Lass dir diese Diktate am besten von einem Freund oder einer Freundin vorlesen und versuche, möglichst wenige Rechtschreib- und Grammatikfehler zu machen.

Diktat 1 – Eskalation vermeiden (226 Wörter)

Das Recht auf freie Meinungsäußerung gehört ebenso zu den Grundrechten wie die Versammlungsfreiheit. Ursprünglich friedliche Großdemonstrationen, die sich plötzlich zu gewalttätigen Krawallen entwickeln, provozieren jedoch oftmals den Ruf nach einer genauen Definition, wo die Rechte der Demonstrierenden enden und die Pflichten beginnen. Die Gesetzeshüterinnen und Gesetzeshüter sehen sich hier häufig nur schwer voraussehbaren Situationen ausgesetzt, in denen es darauf ankommt, schnell und spontan zu reagieren, um Schlimmeres zu verhindern. Sowohl die Geschichte als auch die Psychologie lehrt, dass das Aufeinandertreffen großer Menschenmassen, die von verschiedenen Ideologien geleitet werden, gefährliche Mechanismen freisetzen kann. Die Gründe liegen klar auf der Hand. In der Gruppe fällt es leichter, seine Meinung zu vertreten, da man von Gleichgesinnten umgeben ist. Besonders riskant ist in diesem Zusammenhang jedoch auch das Phänomen, in der Masse verschwinden zu können. Das Moment der Eigenverantwortung nimmt ab, Hemmschwellen fallen und die Betroffenen lassen sich von den jeweiligen Strömungen mitreißen und im schlimmsten Fall zu aggressiven Handlungen verleiten. Wie also beugt man derartigen Übergriffen vor? Diktaturen und Militärregime bieten hier keinerlei Anhaltspunkte. Denn unter dem Vorwand, Eskalation zu verhindern, untersagen sie sämtliche Formen der Kundgebungen und Demonstrationen. Demonstrationen stellen ein wesentliches Element dieses Mitwirkens großer Bevölkerungsteile dar. Daher sollte nicht das Recht auf Versammlungs-freiheit infrage gestellt, sondern der Fokus auf die Entwicklung von Strategien der kommunikativen Konfliktlösung gelegt werden, um den friedlichen Ausgang von Demonstrationen zu garantieren.

Diktat 2 – Teamwork ist bekanntermaßen alles (214 Wörter)

In einer Gesellschaft, in der sich alles nur um Leistungsstreben und Konkurrenzkampf dreht, gewinnt die Bedeutung von Teamwork eine immer größer werdende Rolle. Dies trifft vor allem auf Berufe zu, in denen nicht nur der Erfolg, sondern auch Gesundheit und Leben der Betroffenen von einer tadellosen Kommunikation und vorbildlichen Zusammenarbeit abhängen. Sei es nun im medizinischen oder sozialen Bereich, die Fähigkeit, gemeinsam mit Kolleginnen und Kollegen an einem Ziel zu arbeiten, ist ein entscheidendes Kriterium bei der Personalauswahl. Ähnliches gilt natürlich auch für die Polizeiarbeit, welche Experten auf unterschiedlichen Gebieten zusammenführt. Eine klare und transparente Verständigung zwischen den Beteiligten bildet dabei die Grundlage, um zu einem zuverlässigen Ermittlungsergebnis zu gelangen. Wer hier eine Schwäche sieht, sollte sich für einen anderen Beruf, in dem ein unabhängiges und eigenständiges Arbeiten als vorteilhaft angesehen wird, entscheiden. Bei einem Polizeieinsatz stellt diese Verhaltens- beziehungsweise Vorgehensweise jedoch ein unnötiges Risiko dar und kann nicht nur das eigene Leben, sondern auch das der Kollegin beziehungsweise des Kollegen sowie schutzbedürftiger Bürgerinnen und Bürger gefährden. In der Ausbildung sowie im Beruf gilt es also, ein entspanntes Arbeitsklima herzustellen, die Verständigung nach allen Regeln der Kunst zu fördern und auf diese Weise dafür zu sorgen, dass Unarten wie Ellenbogendenken, Diskriminierung und Mobbing, welche gerade hier ein gravierendes Sicherheitsrisiko darstellen, gar nicht erst aufkommen.

Deutscher Lückentext

In den Lückentext-Übungen müssen die leeren Positionen um Pronomen, Verben, Adjektive, Subjekte, Artikel, Appositionen oder die korrekte Kasus- oder Pluralmarkierung ergänzt werden.

1. Der Kunde nimmt ____ Produkt entgegen, um es später auszuprobieren.
a) das
b) die
c) der
d) des

2. Auf dem Weg zur Arbeit wurde ___ Angestellten bewusst, dass er seine Brieftasche zuhause vergessen hatte.
a) des
b) den
c) dem
d) die

3. Es ist wichtig, sich einen ___blick zu verschaffen.
a) An
b) Aus
c) Um
d) Über

4. Meine Großeltern haben ___ Nachbarin, die täglich Unkraut jätet.
a) eine
b) ein
c) einen
d) einer

5. Wir leben in einer Straße, ___ ___ nicht viel los ist.
a) in das
b) in der
c) in dem
d) in die

6. Auf der Autobahn entdecke ich ein Fahrzeug, _____ zu schnell fährt.
a) welcher
b) welchen
c) welches
d) welchem

7. Der NSA-Untersuchungsausschuss soll Ausmaß und Hintergründe der Ausspähungen durch ____ Geheimdienste in Deutschland aufklären.
a) Ausland
b) ausländische
c) fremd
d) fremde

8. Unter einem Verbrechen wird gemeinhin ein schwerwiegender Verstoß gegen die Rechtsordnung ___ Gesellschaft oder die Grundregeln menschlichen Zusammenlebens verstanden.
a) seiner
b) keiner
c) einer
d) ihrer

9. Unter Kapital im volkswirtschaftlichen Sinne kann man alle bei der Erzeugung beteiligte Produktionsmittel _____.
a) lernen
b) verstehen
c) sehen
d) behandeln

10. Südostengland mit der Hauptstadt London, der klimatisch meist-begünstigte Teil Großbritanniens, unterscheidet sich in ____ Hinsicht von den anderen Teilen der Insel.
a) vielerlei
b) weiter
c) großer
d) mehrerer

11. Neben der Bushaltestelle steht ___ _____ Junge und wartet auf den Bus.
a) ein kleiner
b) eine kleine
c) ein kleines
d) einer kleiner

12. Dass die Betreuung für ältere Menschen zu viel kostet, ist eine ____stellung.
a) Über
b) Unter
c) Auf
d) Ab

13. Die Aussage, ___ die Anzahl der Gewaltdelikte jedes Jahr steigt, muss überprüft werden.
a) welche
b) daß
c) das
d) dass

14. Dass ___ der Höhepunkt ist, hat niemand bezweifelt.
a) dass
b) das
c) welches
d) daß

15. Das Werk des angesehenen italienischen __________ wurde mit dem Literaturnobelpreis ausgezeichnet.
a) Schriftstellern
b) Schriftsteller
c) Schriftstellers
d) Schriftstelle

16. Der Fund des ______ ist für die weiteren Ermittlungen von großer Bedeutung
a) Fluchtfahrzeugs
b) Flucht Fahrzeugs
c) Fluchtfahrzeug
d) Flucht-Fahrzeug

17. Bevor man sich ein neues Auto zulegt, ist es ratsam, eine ________ zu machen.
a) Probe Fahrt
b) Probefahrt
c) probefahrt
d) probe Fahrt

18. Am Abend werden ______ die Ampeln ausgeschaltet.
a) überlicherweise
b) üblicherweise
c) üblichweise
d) üblicher Weise

19. Der Vorname meiner ______ ist Anna.
a) Lehrer
b) Lehrers
c) Lehrern
d) Lehrerin

20. Wenn du jetzt _____, ist alles vorbei.
a) gingst
b) gehen
c) geht
d) gehst

21. Das _____ von Alkohol ist während der Dienstzeit nicht erlaubt.
a) trinken
b) Getränk
c) Trinken
d) Getrinke

22. Wenn man etwas investiert, erwartet man, etwas ________.
a) zurückzuerhalten
b) zurück zu erhalten
c) zurück erhalten
d) zurückerhalten

23. Ein Verbrechen ist ein Verstoß gegen die Rechtsordnung _____ Staates.
a) ein
b) einer
c) eines
d) einem

24. Diese Frage sollten Sie mit Ihrem ____ besprechen.
a) Ärzten
b) Arzt
c) Ärztin
d) Arztes

25. Das Dschungelbuch ist eine Sammlung von Erzählungen und Gedichten des britischen ___ Rudyard Kipling.
a) Autor
b) Autorin
c) Autoren
d) Autors

26. Häufig folgt auf einen Putsch eine Militärdiktatur oder die Herrschaft eines autoritären ___.
a) regime
b) Regime
c) Regimes
d) regimes

27. Die Karrieremessen werden von Hochschulen, professionellen ___ und den Industrie- und Handelskammern organisiert.
a) Dienstleister
b) Dienstleistern
c) Dienstleisters
d) Dienstleisterin

28. Non-Profit-Organisationen nehmen bestimmte ___ der Bedarfsdeckung, Förderung oder Interessenvertretung bzw. Beeinflussung für ihre Mitglieder oder Dritte wahr.
a) Zwecke
b) Zweck
c) Zwecks
d) Zwecken

29. Ziele von Frauenvereinen sind häufig soziale Anliegen im ___ oder Frauenthemen und Frauenfragen im Besonderen.
a) allgemein
b) Allgemein
c) Allgemeinen
d) allgemeinen

30. Die Kriegsküche war im Ersten Weltkrieg eine Suppenküche zur Versorgung weiter ___ der Zivilbevölkerung.
a) Kreis
b) Kreise
c) Kreisen
d) Kreises

Lösungen: Deutscher Lückentext

1. a)	11. a)	21. c)
2. c)	12. b)	22. a)
3. d)	13. d)	23. c)
4. a)	14. b)	24. b)
5. b)	15. c)	25. d)
6. c)	16. a)	26. c)
7. b)	17. b)	27. b)
8. c)	18. b)	28. a)
9. b)	19. d)	29. c)
10. a)	20. d)	30. b)

Zu 22.: a) Für die Getrennt- oder Zusammenschreibung bei Erweiterungen von Infinitiven mit „zu" gibt es eine einfache Regel: Wird das Verb in seiner Grundform bereits zusammengeschrieben, so wird auch die Erweiterung mit „zu" zusammengeschrieben. Wird die Verbverbindung allerdings auseinander geschrieben, wird auch die Erweiterung getrennt geschrieben.

Kommasetzung

Kommata treten im Deutschen in verschiedenen Satzkonstellationen auf. Hier sind einige Grundregeln, die du bei der Kommasetzung beachten solltest.

Regeln

1. Ein Komma kann bei Aufzählungen genutzt werden.

Beispiel: Ich bin eine fleißige, strebsame, ordentliche Schülerin.
Oder: Ich bin eine fleißige, strebsame und ordentliche Schülerin.
Hier wurde das Komma durch ein „und" ersetzt. Statt „und" könnte auch „oder" oder „sowie" das Komma ersetzen.

2. Ein Komma steht vor Konjunktionen wie aber, allerdings, jedoch, sondern etc.

Beispiel: Ihre Mutter ist eine liebevolle, aber strenge Frau.
Nicht nur der Bus, sondern auch der Zug ist sehr pünktlich.

3. Wird das Subjekt in einem Satz genauer beschrieben, wird die nähere Beschreibung (Apposition) durch Kommas eingeschlossen.

Beispiel: Herr Schneider, der Nachbar, ist genervt von den Kindern.

4. Ein Komma trennt den Hauptsatz vom Nebensatz ab.
Weil es schneit, dürfen die Kinder im Klassenraum bleiben.

Beispiel: Die Kinder dürfen im Klassenraum bleiben, weil es schneit.
Der Mann, der jeden Sonntag joggen geht, ist krank.

1. In welchem Satz sind alle Kommas richtig gesetzt?
a) Der Kriminalstatistik 2014, die Schleswig-Holstein im März 2015 veröffentlichte, ist zu entnehmen, dass die Anzahl der Kriminalfälle um 1,2 Prozent auf 202.301 Delikte anstieg, nachdem in den vier Kalenderjahren zuvor eine rückläufige Kriminalität verzeichnet wurde.
b) Der Kriminalstatistik 2014 die Schleswig-Holstein im März 2015 veröffentlichte ist zu entnehmen, dass die Anzahl der Kriminalfälle um 1,2 Prozent auf 202.301 Delikte anstieg nachdem in den vier Kalenderjahren zuvor eine rückläufige Kriminalität verzeichnet wurde.
c) Der Kriminalstatistik 2014, die Schleswig-Holstein im März 2015 veröffentlichte, ist zu entnehmen dass die Anzahl der Kriminalfälle um 1,2 Prozent auf 202.301 Delikte anstieg, nachdem in den vier Kalenderjahren zuvor eine rückläufige Kriminalität verzeichnet wurde.
d) Der Kriminalstatistik 2014, die Schleswig-Holstein im März 2015 veröffentlichte, ist zu entnehmen, dass die Anzahl der Kriminalfälle um 1,2 Prozent, auf 202.301 Delikte anstieg, nachdem in den vier Kalenderjahren zuvor eine rückläufige Kriminalität verzeichnet wurde.

2. In welchem Satz sind alle Kommas richtig gesetzt?
a) „Da die Aufklärungsquote auf 51,2 Prozent angestiegen ist bleibt Schleswig-Holstein ein sicheres Bundesland" erklärte Stefan Studt der Landesinnenminister stolz, „zumal dies der beste Wert des letzten Jahrzehnts ist."
b) „Da die Aufklärungsquote auf 51,2 Prozent angestiegen ist, bleibt Schleswig-Holstein ein sicheres Bundesland", erklärte Stefan Studt, der Landesinnenminister stolz, „zumal dies der beste Wert des letzten Jahrzehnts ist."
c) „Da die Aufklärungsquote, auf 51,2 Prozent angestiegen ist, bleibt Schleswig-Holstein ein sicheres Bundesland", erklärte Stefan Studt, der Landesinnenminister stolz, „zumal dies der beste Wert, des letzten Jahrzehnts ist."

d) „Da die Aufklärungsquote auf 51,2 Prozent angestiegen ist, bleibt Schleswig-Holstein ein sicheres Bundesland", erklärte Stefan Studt, der Landesinnenminister stolz „zumal dies der beste Wert des letzten Jahrzehnts ist."

3. In welchem Satz sind alle Kommas richtig gesetzt?
a) Die Häufigkeitszahl die angibt, wie viele Straftaten auf 100.000 Einwohner entfallen erhöhte sich leicht auf 7.184.
b) Die Häufigkeitszahl die angibt, wie viele Straftaten auf 100.000 Einwohner entfallen, erhöhte sich leicht auf 7.184.
c) Die Häufigkeitszahl, die angibt, wie viele Straftaten, auf 100.000 Einwohner entfallen, erhöhte sich leicht auf 7.184.
d) Die Häufigkeitszahl, die angibt, wie viele Straftaten auf 100.000 Einwohner entfallen, erhöhte sich leicht auf 7.184.

4. In welchem Satz sind alle Kommas richtig gesetzt?
a) Der Kriminalitätsanstieg gegenüber 2013, verlautbarte der Innenminister, beruhe im Wesentlichen auf Verstößen gegen das Asylverfahrens-, das Aufenthalts- und das EU-Freizügigkeitsgesetz.
b) Der Kriminalitätsanstieg gegenüber 2013 verlautbarte der Innenminister, beruhe im Wesentlichen auf Verstößen gegen das Asylverfahrens-, das Aufenthalts- und das EU-Freizügigkeitsgesetz.
c) Der Kriminalitätsanstieg gegenüber 2013 verlautbarte der Innenminister beruhe im Wesentlichen auf Verstößen gegen das Asylverfahrens-, das Aufenthalts- und das EU-Freizügigkeitsgesetz.
d) Der Kriminalitätsanstieg, gegenüber 2013, verlautbarte der Innenminister, beruhe im Wesentlichen auf Verstößen, gegen das Asylverfahrens-, das Aufenthalts- und das EU-Freizügigkeitsgesetz.

5. In welchem Satz sind alle Kommas richtig gesetzt?
a) Während in 2014 noch 4.309 derartige Delikte verzeichnet wurden kam es 2015 zu einer Erhöhung um 3.463 Fälle auf 7.772 was einem Anstieg von 80,4 Prozent entspricht.
b) Während in 2014 noch 4.309 derartige Delikte verzeichnet wurden, kam es 2015 zu einer Erhöhung um 3.463 Fälle auf 7.772 was einem Anstieg von 80,4 Prozent entspricht.
c) Während in 2014 noch 4.309 derartige Delikte verzeichnet wurden, kam es 2015 zu einer Erhöhung, um 3.463 Fälle auf 7.772, was einem Anstieg von 80,4 Prozent entspricht.
d) Während in 2014 noch 4.309 derartige Delikte verzeichnet wurden, kam es 2015 zu einer Erhöhung um 3.463 Fälle auf 7.772, was einem Anstieg von 80,4 Prozent entspricht.

6. In welchem Satz sind alle Kommas richtig gesetzt?
a) Dies liege, so Studt, an einem vermehrten Zuzug, von Flüchtlingen, nicht nur aus weltweiten Kriegs-, sondern auch Armutsregionen.
b) Dies liege, so Studt, an einem vermehrten Zuzug von Flüchtlingen nicht nur aus weltweiten Kriegs-, sondern auch Armutsregionen.
c) Dies liege so Studt, an einem vermehrten Zuzug von Flüchtlingen nicht nur aus weltweiten Kriegs-, sondern auch Armutsregionen.
d) Dies liege so Studt an einem vermehrten Zuzug von Flüchtlingen nicht nur aus weltweiten Kriegs-, sondern auch Armutsregionen.

7. In welchem Satz sind alle Kommas richtig gesetzt?
a) Im Übrigen berichtete der Innenminister von rückläufigen Zahlen, musste aber eine Zunahme bei Raub und Brandstiftung einräumen.
b) Im Übrigen, berichtete der Innenminister von rückläufigen Zahlen, musste aber eine Zunahme bei Raub und Brandstiftung einräumen.
c) Im Übrigen berichtete der Innenminister von rückläufigen

Zahlen musste aber eine Zunahme bei Raub und Brandstiftung einräumen.
d) Im Übrigen berichtete der Innenminister, von rückläufigen Zahlen, musste aber eine Zunahme bei Raub und Brandstiftung einräumen.

8. In welchem Satz sind alle Kommas richtig gesetzt?
a) Während die Gewaltkriminalität um ein Prozent zurückging verminderte sich die Zahl der Diebstähle um 0,3 Prozent der Sachbeschädigungen um 1,7 Prozent und der Vermögensdelikte um 2,9 Prozent wohingegen 78 vorsätzliche Brandstiftungen mithin 13,4 Prozent mehr als im Vorjahr registriert wurden.
b) Während die Gewaltkriminalität um ein Prozent zurückging, verminderte sich die Zahl der Diebstähle um 0,3 Prozent, der Sachbeschädigungen, um 1,7 Prozent und der Vermögensdelikte, um 2,9 Prozent, wohingegen 78 vorsätzliche Brandstiftungen, mithin 13,4 Prozent mehr als im Vorjahr registriert wurden.
c) Während die Gewaltkriminalität um ein Prozent zurückging, verminderte sich die Zahl der Diebstähle um 0,3 Prozent, der Sachbeschädigungen um 1,7 Prozent und der Vermögensdelikte um 2,9 Prozent, wohingegen 78 vorsätzliche Brandstiftungen, mithin 13,4 Prozent mehr als im Vorjahr registriert wurden.
d) Während die Gewaltkriminalität, um ein Prozent zurückging, verminderte sich die Zahl der Diebstähle um 0,3 Prozent, der Sachbeschädigungen um 1,7 Prozent und der Vermögensdelikte, um 2,9 Prozent, wohingegen 78 vorsätzliche Brandstiftungen, mithin 13,4 Prozent mehr als im Vorjahr registriert wurden.

9. In welchem Satz sind alle Kommas richtig gesetzt?
a) Stefan Studt betonte ferner dass die Jugendkriminalität auch gemessen am Anteil Tatverdächtiger unter 21 Jahren von 23,1 auf 22,7 Prozent gesunken sei.
b) Stefan Studt betonte ferner, dass die Jugendkriminalität auch gemessen am Anteil Tatverdächtiger unter 21 Jahren, von 23,1

auf 22,7 Prozent gesunken sei.
c) Stefan Studt betonte, ferner dass die Jugendkriminalität, auch gemessen am Anteil Tatverdächtiger unter 21 Jahren, von 23,1 auf 22,7 Prozent gesunken sei.
d) Stefan Studt betonte ferner, dass die Jugendkriminalität, auch gemessen am Anteil Tatverdächtiger unter 21 Jahren, von 23,1 auf 22,7 Prozent gesunken sei.

10. In welchem Satz sind alle Kommas richtig gesetzt?
a) Die diesbezüglichen Landeskonzepte, die insbesondere auf die Prävention von Kriminalität bei jugendlichen Intensivtätern zielten, trügen wohl, so scheine es jedenfalls, zu der positiven Entwicklung bei, meinte der Innenminister.
b) Die diesbezüglichen Landeskonzepte die insbesondere auf die Prävention von Kriminalität bei jugendlichen Intensivtätern zielten, trügen wohl, so scheine es jedenfalls, zu der positiven Entwicklung bei, meinte der Innenminister.
c) Die diesbezüglichen Landeskonzepte, die insbesondere auf die Prävention von Kriminalität bei jugendlichen Intensivtätern zielten trügen wohl so scheine es jedenfalls, zu der positiven Entwicklung bei, meinte der Innenminister.
d) Die diesbezüglichen Landeskonzepte, die insbesondere auf die Prävention von Kriminalität bei jugendlichen Intensivtätern zielten, trügen wohl so scheine es jedenfalls zu der positiven Entwicklung bei, meinte der Innenminister.

Lösungen: Deutsche Kommasetzung

1. a)	5. d)	9. d)
2. b)	6. b)	10. a)
3. d)	7. a)	
4. a)	8. c)	

Englischer Lückentext

1. Jonas and his friend Marcus want to ___ on a three-day boys trip to Munich.
a) went
b) gone
c) go
d) going

2. Before leaving, they have to make plans on what to ___ in Munich.
a) doesn't
b) does
c) do
d) done

3. Marcus ___ that he really wants to visit the famous Marienplatz.
a) decides
b) decide
c) decided
d) have decided

4. Jonas ___ going to the 'Englischer Garten' because he really enjoys nature.
a) suggest
b) suggests
c) suggesting
d) has suggested

5. With the Oktoberfest in full swing, Jonas and Marcus ___ on whether to go there or not.
a) contemplate
b) are contemplating
c) contemplated
d) contemplating

6. Some of their friends have already been there and they really ___ it.
a) like
b) likes
c) liking
d) liked

7. However, Marcus and Jonas are not sure because they are both not so much into folk festivals. "Why don't we ___ whether we want to go to the Oktoberfest or not spontaneously?" - asks Marcus.
a) decided
b) decide
c) decides
d) deciding

8. “Good idea!” - ___ Jonas. Now they are both ready to enjoy their trip to Munich!
a) say
b) said
c) saying
d) says

9. The Munich Oktoberfest originally ______ in the 16-day period leading up to the first Sunday in October.
a) take place
b) taken place
c) has taken place
d) took place

10. The Oktoberfest ____ as the largest Volksfest (people's fair) in the world.
a) know
b) has known
c) is known
d) is knowing

Lösungen: Englischer Lückentext

1. c)	5. b)	9. d)
2. c)	6. d)	10. c)
3. a)	7. b)	
4. b)	8. d)	

Englische Sätze verbinden

In den nachfolgenden Aufgaben sollen die Satzanfänge mit den logisch richtigen Satzenden verbunden werden.

1. Today, Amy went to the doctor's office because ...
a) it was very late and her favorite TV show was on.
b) her brother locked her into the kitchen.
c) she wasn't feeling very well and wanted to get some medicine.
d) Leo took out the trash.

2. James bought a new car ....
a) at his local grocery store.
b) at the farm.
c) at his friend's car dealership.
d) at the zoo.

3. Yesterday, Lydia went to the cinema ...
a) to watch a movie with her friend Leanne.
b) to buy a dress for prom.
c) because she really needed a massage.
d) to take a cooking class.

4. Maria and Jordan are getting married ...
a) in outer space.
b) at a beautiful chapel in the New England countryside.
c) in the kitchen.
d) at the supermarket.

5. At the presidential election in November ...
a) Mickey Mouse is going to be president.
b) Mariah Carey lost 5 kg.
c) I want to have a donut.
d) he would have to draw many non-aligned voters.

6. The policemen ...
a) is going to explode.
b) are talking to the suspects.
c) painting their nails with pink nail polish.
d) has to stop.

7. Janice wants to become a police officer ...
a) because she likes helping people.
b) when she was a baby.
c) at her neighbor's house.
d) because it is Saturday.

8. Marc works as a mechanic ...
a) in order to feed all the animals.
b) because he likes to swim.
c) because he has loved working on cars ever since he was a little boy.
d) just to eat ice cream.

9. The local soup kitchen ...
a) provides free food for the homeless.
b) has to wash the car.
c) wants to eat a sandwich.
d) can leave early today.

10. Tomorrow, Sina has a dance performance ...
a) because she is tired.
b) while she is sleeping.
c) on the moon.
d) and she is very nervous because her friends will watch her.

11. Nina and Jack are playing hide and seek ...
a) to clean out the basement.
b) but they can't seem to find each other.
c) in class.
d) because Nina is ill.

12. In the town hall ...
a) couples can get married.
b) you can buy groceries.
c) it is raining.
d) dad is hiking.

13. The kettle is whistling ...
a) for donuts.
b) in the ground.
c) because Jason fell and hit his knee.
d) because the water is boiling.

14. Mia doesn't like mathematics ...
a) because she is tall.
b) in order to sit down.
c) because most of the time she doesn't understand the exercises.
d) after going to the doctor's office.

15. Jamie loves cooking Italian ...
a) to the cinema.
b) because he loves Pizza and Pasta.
c) in the shower.
d) while driving to work.

16. Michael works as a lawyer ...
a) at the local court.
b) for rainy days.
c) because he likes swimming.
d) after work.

17. Gingerbread cookies ...
a) are a popular treat in the summer.
b) speak Chinese.
c) are a popular treat around Christmas.
d) can dance hip-hop.

18. Lisa is eighteen years old, ...
a) after work.
b) forever.
c) a lot since she was little.
d) which makes her an adult.

19. At midnight ...
a) the clock strikes 10.
b) the clock strikes 12.
c) the clock strikes 9.
d) the clock strikes 15.

20. Because I am an employee, ...
a) I can do whatever I want.
b) I have to obey my boss.
c) I love cooking.
d) I can come to work and leave at any time I like.

Lösungen: Englische Sätze verbinden

1. c)	8. c)	15. b)
2. c)	9. a)	16. a)
3. a)	10. d)	17. c)
4. b)	11. b)	18. d)
5. d)	12. a)	19. b)
6. b)	13. d)	20. b)
7. a)	14. c)	

Fachwissen

Ergänzend zum Allgemeinwissen stellen potenzielle Arbeitgeber häufig Wissensfragen aus dem jeweiligen Fachgebiet. So hoffen sie, Rückschlüsse ziehen zu können, ob ein ernsthaftes Interesse an der Ausbildung und an dem Arbeitgeber selbst besteht.

In Deutschland arbeiten mehr als vier Millionen Menschen im öffentlichen Dienst. Die öffentliche Verwaltung kann dabei in Bundes-, Länder- und Kommunalebene getrennt werden. In der öffentlichen Verwaltung zu arbeiten bietet die Chance, in einem sicheren Umfeld den administrativen Apparat eines Staates von innen kennen zu lernen. Hinter dem Begriff öffentlicher Dienst verbirgt sich Deutschlands größter Arbeitgeber mit vielen Facetten, denn die möglichen Arbeitsfelder sind vielfältig. Sie reichen vom Berufsfeld der öffentlichen Verwaltung über Energieversorgung oder Bundeswehr bis hin zu Rechtswissenschaften.

Öffentlicher Dienst und öffentliche Verwaltung

Wer sich für eine Stelle im öffentlichen Dienst interessiert, der kann sich an eine Reihe von möglichen Arbeitgebern wenden. Es gibt die klassischen Berufe, wie Polizist oder Feuerwehrmann. Darüber hinaus sind durch die Komplexität eines Staates viele weitere verwaltende Berufsfelder entstanden. Der Verwaltungsfachangestellte arbeitet zum Beispiel in unterschiedlichen Verwaltungsbehörden einer Stadt und steht dabei oftmals im direkten Kontakt zu den Bürgern. Die Bearbeitung des Schriftverkehrs, Verbuchung von Rechnungen oder das Entgegennehmen von Anträgen für Personalausweise sind nur beispielhafte Tätigkeiten. Besonders wichtig ist, dass du gerne am Computer arbeitest und teamfähig bist. Zudem profitieren Mitarbeiter im öffentlichen

Dienst von ihrem Beamtenstatus. Beamte erhalten aufgrund ihrer Loyalität dem „Dienstherren" gegenüber gewisse Vorzüge. Zu den Vorzügen in der öffentlichen Verwaltung zählen eine lebenslange Versorgungsgarantie, hoher Kündigungsschutz, soziale Absicherung hinsichtlich eines krisensicheren Arbeitsplatzes oder auch der Wegfall von Arbeitslosen- und Rentenversicherungsbeiträgen.

Unterschiedliche Laufbahnen beim öffentlichen Dienst

In der öffentlichen Verwaltung gibt es, wie bereits genannt, eine Vielzahl von Stellen. Einher geht damit, dass es auch verschiedene Einstiege und Karrierewege gibt. Insgesamt umfasst der öffentliche Dienst vier verschiedene Laufbahnen, vom einfachen bis zum höheren Dienst mit jeweils unterschiedlichen Grundvoraussetzungen.

Einfacher Dienst: Grundvoraussetzung ist der Hauptschulabschluss.

Mittlerer Dienst: Grundvoraussetzung ist die mittlere Reife oder ein Hauptschulabschluss mit einschlägiger Berufsausbildung.

Gehobener Dienst: Grundvoraussetzung ist die Fachhochschulreife.

Höherer Dienst: Grundvoraussetzung ist ein abgeschlossenes Hochschulstudium und neuerdings, dank dem Bologna-System, auch mit einem Mastertitel einer akkreditierten Fachhochschule möglich.

Für jede Laufbahn muss ein Auswahlverfahren bestritten werden. Jedes Verfahren beinhaltet auch immer einen Einstellungstest. Der Schwierigkeitsgrad und der Umfang des Tests sind an die Level der vier Laufbahnen angepasst, jedoch sind die Kerngebiete und Grundlagenkenntnisse vergleichbar miteinander. Das Auswahlverfahren beinhaltet im Allgemeinen einen schriftlichen und mündlichen Test. Je nach Berufsfeld können noch ein Sporttest oder dienstärztliche Untersuchungen weitere Bestandteile des Auswahlverfahrens sein. Ein möglicher Ausbildungsberuf nach dem Berufsbildungsgesetz (BBiG) stellt der Verwaltungsfachangestellte dar. Die Tätigkeit zählt zum mittleren Dienst. Die Ausbildungszeit beträgt drei Jahre und die Ausbildung verbindet theoretische sowie praktische Inhalte. Alternativ gibt es die Möglichkeit, sich für ein Studium zu bewerben. So bietet die Stadt Frankfurt zum Beispiel den Studiengang Public Administration als Bachelor of Arts an.

Auswahlverfahren und Einstellungstest

Die Ausbildung zur Verwaltungsfachangestellten dauert drei Jahre. Je nach Leistung und Vorbildung des Auszubildenden kann auch eine Verkürzung der Ausbildungszeit beantragt werden. Die jeweiligen Voraussetzungen für die Verkürzung unterscheiden sich nach Bundesland. Daher ist es immer eine gute Idee, sich im Vorfeld genau zu informieren, unabhängig davon, ob man sich in Hamburg, NRW oder Bayern für eine Stelle bewirbt. In jedem Falle müssen Bewerber aber mit einem Auswahlverfahren und einem Einstellungstest rechnen. Die Auswahlverfahren ähneln sich in den Bundesländern. So gibt es beispielsweise in Bayern und NRW einen schriftlichen und mündlichen Einstellungstest. Im Anschluss geht es in beiden Bundesländern mit einem Vorstellungsgespräch weiter.

Eine sehr gute Informationsseite mit vielen aktuellen Inhalten (Erfahrungsberichte, Videos, kostenlose Tests etc.) zum Einstellungstest im öffentlichen Dienst ist auf *www.einstellungstest-oeffentlicher-dienst.de* zu finden.

Fachspezifische Aufgaben für den öffentlichen Dienst

1. Wer wählt in Deutschland den Präsidenten des deutschen Bundestages?
a) Bundesrat
b) das deutsche Volk
c) Bundesversammlung
d) Bundestag
e) Bundespräsident/in

2. Ein/e Bundeskanzler/in hat gegenüber den Bundesministern
a) ein höheres Stimmrecht
b) ein Entscheidungsrecht in Pattsituationen
c) ein Weisungsrecht
d) ein Bestimmungsrecht

3. Wie viele Regierungsperioden darf ein/e Bundeskanzler/in regieren?
a) unbegrenzt
b) einmal
c) viermal
d) zweimal

4. Wem wird das Bundesverdienstkreuz bei Amtsantritt verliehen?
a) Bundeskanzler/in
b) Bundestagspräsident/in
c) Präsident/in des Bundesverfassungsgerichts
d) Bundespräsident/in

5. Wo sitzt der Europäische Rechnungshof?
a) Karlsruhe
b) Brüssel
c) Straßburg
d) Luxembourg
e) Den Haag

6. Wo ist der Hauptsitz des Europäischen Parlaments?
a) Karlsruhe
b) Brüssel
c) Straßburg
d) Luxemburg
e) Den Haag

7. Wer bildet den Europäischen Rat?
a) die Staats- und Regierungschefs der EU
b) Abgeordnete als Vertreter der EU-Länder
c) die Präsidenten der EU-Verfassungsorgane
d) die EU-Bürger

8. Was steht hinter dem Begriff „kommunal"?
a) staatlich
b) eine Gemeinde oder einen Landkreis betreffend
c) eigenständig
d) gesetzlich
e) monetär

9. Innerhalb der deutschen Bundesländer sind die nächstgrößeren Verwaltungseinheiten die ...
a) Landkreise.
b) Städte.
c) Bezirke / Regierungsbezirke.
d) Gemeinden.

10. Gewaltenteilung meint die ...
a) Trennung von Polizei und Bundeswehr.
b) Aufteilung des Staates in einzelne Bundesländer.
c) hierarchische Gliederung der Verwaltung.
d) Aufteilung der Bundesregierung in Bundestag und Bundesrat.
e) Trennung der Gesetzgebung von der Rechtsprechung und Verwaltung.

11. Mit der Weimarer Republik wurde erstmals in der deutschen Geschichte die ...
a) parlamentarische Demokratie eingeführt.
b) konstitutionelle Monarchie eingeführt.
c) absolute Monarchie eingeführt.
d) autoritäre Diktatur eingeführt.

12. Das Ziel der Nato ist es, die ...
a) Grenzen Europas vor dem islamischen Staat zu schützen.
b) Mitglieder mit nötigen Waffen und Soldaten auszustatten.
c) Sowjetunion und den Islam zu bekämpfen.
d) Freiheit und Sicherheit der Mitglieder zu gewähren.

13. Welches Land ist kein Mitglied der politischen Vereinigung „Europäische Union"?
a) Norwegen
b) Finnland
c) Rumänien
d) Litauen

14. Was bedeutet der Begriff „Mehrparteienprinzip“?
a) Kennzeichen für einen demokratischen Staat, in dem es mehrere Parteien gibt, die bei Wahlen von stimmberechtigten Staatsangehörigen gewählt werden
b) ein politisches System, bei dem eine Partei langfristig die alleinige Regierungsgewalt innehat und keine Oppositionsparteien zulässt
c) Kennzeichen für einen demokratischen Staat, in dem sich im Wesentlichen zwei Parteien als Regierungsparteien abwechseln
d) Kennzeichen für einen demokratischen Staat, in dem es mehrere Parteien gibt; die Abgeordneten der Parteien wählen das Staatsoberhaupt

15. Wie heißt die Vereinigung von Abgeordneten einer Partei im Parlament?
a) Fraktion
b) Koalition
c) Opposition
d) Mandat

16. Wie heißt das höchste deutsche Gericht?
a) Oberlandesgericht Karlsruhe
b) Bundesgerichtshof
c) Bundesanwaltsgericht
d) Bundesverfassungsgericht

17. Welcher Begriff kann Deutschland nicht zugeordnet werden?
a) Bundesstaat
b) Rechtsstaat
c) Sozialstaat
d) Einheitsstaat

18. Welche Interessen werden in der Landespolitik vertreten?
a) Bund
b) Landkreis und Gemeinde
c) Bundesländer
d) Europäische Gemeinschaft

19. Welches Beamtenverhältnis gibt es nicht?
a) Beamtenverhältnis auf Probe
b) Beamtenverhältnis auf Fertigstellung
c) Beamtenverhältnis auf Zeit
d) Beamtenverhältnis auf Lebenszeit
e) Beamtenverhältnis auf Widerruf

20. Welcher Aufgabe darf ein Beamter nicht nachgehen?
a) kollektive Arbeitsniederlegung
b) Pflicht zur Amtsverschwiegenheit
c) hoheitliche Aufgaben
d) Diensteid ablegen

21. Was passiert bei einer Inflation?
a) Die Preise steigen, während die Kaufkraft sinkt.
b) Die Preise sinken, während die Kaufkraft steigt.
c) Die Preise und die Kaufkraft sinken gleichermaßen.
d) Die Preise und die Kaufkraft steigen gleichermaßen.

22. In welchem Land wird mit dem Euro gezahlt?
a) Norwegen
b) Schweiz
c) Bulgarien
d) Slowakei
e) Polen

23. Wofür steht der Begriff Oligopol?
a) eine Marktform, bei der viele Nachfrager vielen Anbietern gegenüber stehen
b) eine Marktform, bei der viele Nachfrager wenigen Anbietern gegenüber stehen
c) eine Marktform, bei der ein Nachfrager einem Anbieter gegenübersteht
d) eine Marktform, bei der viele Nachfrager einem Anbieter gegenüber stehen

24. Welche Währung wurde seit der Reichsgründung 1871 nicht genutzt?
a) Rentenmark
b) Silbermark
c) Reichsmark
d) Deutsche Mark

25. Welche Wirtschaftsordnung hat die Bundesrepublik Deutschland?
a) Zentralverwaltungswirtschaft
b) Zentralplanwirtschaft
c) freie Marktwirtschaft
d) soziale Marktwirtschaft
e) Keine Antwort ist richtig.

26. Was ist das Bruttonationaleinkommen?
a) Summe aller erbrachten Leistungen, Güter und Dienstleistungen einer Volkswirtschaft, in einem Jahr zur Verwendung
b) Differenz aller erbrachten Leistungen, Güter und Dienstleistungen in einem Jahr, einer Volkswirtschaft zum Vorjahr
c) Differenz aller erbrachten Leistungen, Güter und Dienstleistungen in einem Jahr, einer Weltwirtschaft zum Vorjahr
d) Summer aller erbrachten Leistungen, Güter und Dienstleistungen in einem Jahr, der Weltwirtschaft zur letzten Verwendung

27. Ein föderalistischer Staat ...?
a) versucht den Übergang von Planwirtschaft zu Marktwirtschaft.
b) verfolgt das Ziel, Exporte zu maximieren.
c) besteht aus einzelnen Teilstaaten, die relativ eigenständig sind.
d) wird von einer Partei oder einer Person regiert.

28. Was bedeutet Preisdiskriminierung?
a) Preispolitik von Anbietern, die heterogene Produkte zu unterschiedlichen Preisen fordern
b) Preispolitik von Anbietern, die homogene Produkte zu unterschiedlichen Preisen fordern
c) Preispolitik von Anbietern, die homogene Produkte zu gleichen Preisen fordern
d) Preispolitik von Anbietern, die heterogene Produkte zu gleichen Preisen fordern

29. In einem Markt mit vollständiger Konkurrenz ...
a) ist ein Anbieter in der Lage, den Preis eines Produkts maßgeblich zu beeinflussen.
b) ist mindestens ein Kartell vorhanden.
c) ist nur ein Nachfrager vertreten.
d) stehen viele Nachfrager vielen Anbieter gegenüber.

30. Was sagt der Realzins aus?
a) Zinssatz, der von der Zentralbank eines Währungsgebietes festgesetzt wird
b) Zinssatz, der jährlich für ein Kredit fällig wird
c) Zinssatz, der jährlich für ein Darlehen fällig wird
d) Zinssatz, der die Wertänderung eines Vermögens unter Berücksichtigung der Inflation angibt
e) Keine der Antworten ist richtig.

Lösungen: Fachwissen öffentlicher Dienst

1. d)	11. a)	21. a)
2. c)	12. d)	22. d)
3. a)	13. a)	23. b)
4. d)	14. a)	24. b)
5. d)	15. a)	25. d)
6. c)	16. d)	26. a)
7. a)	17. d)	27. c)
8. b)	18. c)	28. b)
9. c)	19. b)	29. d)
10. e)	20. a)	30. d)

Polizei

Eine Laufbahn bei der Polizei gehört für viele Schulabgänger nach wie vor zu den Traumberufen. Neben einem abwechslungsreichen Arbeitsalltag locken oft auch die vielen Möglichkeiten, die einem nach der Ausbildung geboten werden. Vom Wasserschutz über die Reiterstaffel bis hin zur Kriminalpolizei stehen die unterschiedlichsten Wege offen. Bevor es jedoch soweit ist, müssen Interessenten erst einmal den Bewerbungsprozess durchlaufen, welcher bei der Polizei vergleichsweise schwer ist.

Einstellungstest im Auswahlverfahren

Aufgrund der hohen Bewerberzahlen für eine Polizeiausbildung wird ein Auswahlverfahren durchgeführt. Hierbei handelt es sich in der Regel um einen schriftlichen Einstellungstest, einen Sporttest, eine ärztliche Untersuchung und ein Einstellungsgespräch. Bevor ein Bewerber für das Auswahlverfahren zugelassen wird, muss er jedoch erst einmal eine Reihe von formalen Voraussetzungen erfüllen. Dazu gehören die deutsche bzw. eine EU-Staatsbürgerschaft, eine Mindestgröße, keine Vorstrafen und geordnete wirtschaftliche Verhältnisse. Letzteres bedeutet, dass ein Bewerber nicht stark verschuldet oder sogar insolvent sein darf. Andernfalls besteht die Gefahr, dass der spätere Beamte womöglich anfällig für Bestechungen ist.

Unterschiede je nach Bundesland

Obwohl sich die grundsätzlichen Voraussetzungen für den Polizeidienst in vielen Bundesländern kaum unterscheiden, gibt es eine Reihe von Details, auf die Bewerber je nach Ausbildungsstelle achten sollten. So ist es beispielsweise in Bundesländern wie NRW, Hessen oder Hamburg möglich, dass sich auch EU-Ausländer bewerben können. In Bayern, Brandenburg oder Schleswig-Holstein werden dagegen nur deutsche Staatsbürger genommen. Auch die Mindestkörpergröße schwankt zwischen 1,60 und 1,68 Metern, wobei mitunter auch eine Unterscheidung zwischen Männern und Frauen vorgenommen wird. Beim Höchstalter gibt es sogar noch größere Unterschiede. Es liegt zwischen 24 und 32 Jahren, je nach Bundesland. Da sich die Altersgrenze öfter ändert, findest du auf der folgenden Webseite eine ständig aktualisierte Übersicht:

www.eignungsauswahlverfahren.de/polizei-berufe/alter-altersgrenzen-polizei/

Sportliche Fitness und Körperschmuck

Wie schon erwähnt, gehört zum Auswahlverfahren nicht nur ein Einstellungstest, sondern auch ein Sporttest. In einigen Bundesländern müssen Bewerber jedoch schon vor dem Test ihre sportliche Eignung nachweisen. So wird in NRW beispielsweise das Deutsche Sportabzeichen und das Rettungsschwimmer-Abzeichen in Bronze verlangt. Auch in Sachsen-Anhalt müssen Bewerber über das Rettungsschwimmer-Abzeichen verfügen, wenn sie zum Auswahlverfahren zugelassen werden möchten. Eine Übersicht über die Inhalte und Voraussetzungen für den Sporttest ist auf *www.sporttest-polizei.de* zu finden.

Ein weiterer häufiger Ablehnungsgrund ist Körperschmuck. Auch hier haben die Bundesländer mitunter deutlich unterschiedliche Ansichten. In der Regel gilt, dass Piercings und Tattoos nur erlaubt sind, wenn sie sich von der Dienstkleidung verdecken lassen. Dies ist beispielsweise in Baden-Württemberg, Bayern, Hamburg oder Hessen der Fall. In einigen Bundesländern wie Sachsen-Anhalt, Saarland oder Mecklenburg-Vorpommern muss ein sichtbares Tattoo jedoch kein automatischer Ablehnungsgrund sein. Hier wird dann oft durch den Polizeiarzt oder im speziellen Fall durch eine Kommission eine Entscheidung getroffen, sodass eine Zulassung zum Einstellungstest trotzdem möglich ist.

Die Ausbildung

Während sich die Voraussetzungen für die Bewerbung bei der Polizei je nach Bundesland unterscheiden können, sind die Ausbildungsinhalte einheitlich, unabhängig davon, ob man sich in Hessen, Bayern, Hamburg, Hessen oder NRW ausbilden lässt. Nach dem erfolgreichen Bestehen des Eignungstests erfolgt die theoretische Ausbildung in den Bildungszentren der Bundespolizei-Akademie. Die Inhalte umfassen dabei Themen wie Verkehrslehre, Polizeidienstkunde oder polizeiliche Informationsverarbeitung. Darüber hinaus erhalten die Azubis auch eine umfangreiche Rechtsausbildung und einen guten Einblick in die Kriminalwissenschaften. Bei der praktischen Ausbildung lernen die angehenden Beamten zunächst den typischen Ablauf einer Behörde. Dazu gehört beispielsweise das Verfassen von Berichten und Protokollen aber auch der Telefondienst. Zudem steht auch die Ausbildung an der Waffe auf dem Lehrplan und man begleitet Außeneinsätze, wobei man Beamte bei Verkehrs- und Grenzkontrollen sowie Großveranstaltungen unterstützt.

Unterschiedliche Laufbahnen bei der Polizei

Die Ausbildung bei der Polizei dauert in der Regel zweieinhalb Jahre. Der Beruf unterteilt sich grundsätzlich in die drei Laufbahnen des mittleren Dienstes, des gehobenen Dienstes und des höheren Dienstes. Je höher der Dienst, desto mehr gewinnen Führungsaufgaben an Bedeutung. Die Ausbildung im gehobenen und höheren Dienst ist als Studium organisiert. Typischerweise studiert man rund sechs Semester für den gehobenen Dienst und noch einmal weitere vier Semester für den höheren Dienst.

Eine sehr gute Informationsseite mit vielen aktuellen Inhalten (Erfahrungsberichte, Videos, kostenlose Tests etc.) zum Polizei-Einstellungstest ist auf *www.eignungsauswahlverfahren.de* zu finden.

Erfahrungsbericht eines Polizeibewerbers

Hallo, ich heiße Dominik, bin 25 Jahre alt und habe im Mai 2017 die Einstellungsprüfung der Landespolizei Bayern für den mittleren Dienst in Nürnberg durchlaufen.

Ich möchte euch die Möglichkeit geben, einen groben Einblick in das Einstellungsverfahren zu bekommen. Wichtig ist hierbei zu erwähnen, dass es sich um meine persönliche Einstellungsprüfung handelt. Es kann jederzeit sein, dass sich einzelne Inhalte, Anforderungen etc. ändern.

Ich wurde für einen Montag und Dienstag eingeladen, um meine Fähigkeiten unter Beweis zu stellen. Es war möglich, bereits einen Tag früher anzureisen und dort zu übernachten. Diesem Angebot bin ich gerne nachgekommen, da man so die Möglichkeit hat, bereits einige Eindrücke zu sammeln. Außerdem waren auch andere Prüflinge vor Ort und man konnte sich etwas über die bevorstehende Prüfung austauschen. Mir zumindest nahm es ein wenig die Angst und Sorge vor dem bevorstehenden Tag. Relativ früh ging es ins Bett, um für den nächsten Tag fit zu sein.

Der Tag begann sehr früh. Nach einem gemeinsamen Frühstück in der Kantine sammelten wir uns und der Testtag begann.

Start mit dem Deutschtest

Als Erstes stand bei uns der Deutschtest auf dem Programm. Dieser beinhaltete ein Lückendiktat, das man über Kopfhörer vorgelesen bekam. Dort wurden Fremdwörter wie zum Beispiel Koks, Ecstasy abgefragt. Außerdem musste man „dass/das" richtig einsetzen, einen Text mit falscher Kommasetzung korrigieren und einige Adjektive, Nomen etc. im Text kennzeichnen.

Nachdem der Deutschtest vorbei war, mussten leider auch schon ein paar Bewerber das Feld räumen.

Der gefürchtete Grundfähigkeitstest

Es folgte der gefürchtete Grundfähigkeitstest. Hier musste man aus dem Gedächtnis verschiedenen Personen Tätigkeiten (Berufe) zuordnen. Matrizen, Zahlenreihen und eine zusammenhängende Textaufgabe waren auch Bestandteil. Doch das war noch nicht alles. So schnell wie möglich sollten ca. 20 verschiedene Zahlen eingeprägt und diese anschließend aus 100 Zahlen wiedererkannt werden. Am schwersten war für mich, sich die verschiedenen Sachen schnell einzuprägen und gut wieder-zugeben. Man merkt deutlich den Zeitdruck. Ich habe mich aber gut vorbereitet gefühlt und wurde nicht böse überrascht. Auch hier mussten daraufhin wieder ein paar Bewerber gehen.

Der Sporttest

Es ging sofort weiter mit dem Sporttest. Wir trafen uns umgezogen in der Sporthalle und bereiteten uns schon einmal mit Dehnübungen auf den bevorstehenden Sporttest vor. Wir begannen mit den „Springen über die Kleinbank“, dann folgten „Bankdrücken“, der „Pendellauf“ und der „Cooper-Test“. Dazwischen gab es nur kleine Pausen (maximal fünf Minuten bis alle Bewerber getestet waren).

Nach dem Cooper-Test ging es sofort zum Schwimmen. Wer nun glaubt, das sei locker zu schaffen, der irrt. Ihr könnt euch aber ganz einfach auf den Sporttest vorbereiten. Am besten schaut ihr mal auf der Homepage der bayerischen Polizei vorbei (*www.mit-sicherheit-anders.de*), dort findet ihr eine genaue Anleitung mit Videos! Denkt auch daran, die einzelnen Übungen am Stück und ohne Pause durchzuführen – wie es auch in der Prüfung verlangt ist. Der Sporttest ist der einzige Test, auf den ihr euch genau vorbereiten könnt, da ihr die Voraussetzungen und die geforderten Disziplinen kennt. Hier hilft nur fleißiges Trainieren.

Völlig ausgepowert gingen wir nach dem Sporttest zum Mittagessen.

Die Gruppendiskussion

Gut gestärkt folgte die Gruppendiskussion. Hier saßen wir zu viert im Raum und wurden von zwei Prüfern „beobachtet". Wir hatten insgesamt zwei Aufgaben. Als Erstes musste sich jeder zum Thema „Tag der offenen Tür bei der Polizei" zum Tagesablauf Gedanken machen. Zum Beispiel: Was wäre interessant für die Besucher? Puppentheater? SEK-Abseilaktion? usw.

Danach hatten wir 20 Minuten Zeit, in der Gruppe eine „Rangliste" zu erstellen. Hier ist es wichtig, die „einfachen Gesprächsregeln" einzuhalten. Jeder sollte zu Wort kommen. Wir diskutierten heiß um die vorgegebenen Themen, da natürlich jeder eine andere Meinung vertrat. Wir schafften es aber innerhalb der Zeit, uns auf eine „Rangliste" zu einigen.

Nach der Gruppenaufgabe war auch schon der erste Tag der Prüfung vorbei. Wir verabredeten uns noch zum gemeinsamen Abendessen und ließen den Tag ausklingen.

Das Einzelgespräch

Der zweite Tag begann viel ruhiger als der erste. Wir versammelten uns wieder und wurden vom Prüfer instruiert. Das Einzelgespräch stand an. Zu Beginn sollte ich mich anhand meines Lebenslaufs vorstellen. Daten der Schullaufbahn, Ausbildung, die aktuelle Beschäftigung und die Berufe der Eltern sollten hier auf gar keinen Fall fehlen. Danach stellte der Prüfer Fragen. Warum wollen Sie zur Polizei? Warum sind Sie dafür geeignet? Auf diese Fragen kann man sich gut vorbereiten. Im Anschluss kamen Fragen aus dem alltäglichen Polizeialltag dran. Man sollte sich in die Lage eines Polizeibeamten versetzen. Zum Beispiel: „Sie sind nach Dienstende unterwegs nach Hause und sehen vor Ihnen eine

Gruppe Jugendlicher, die Graffiti an eine Mauer sprühen, wie verhalten Sie sich?“ oder „Sie halten ein Auto an und stellen fest, es ist Ihr Nachbar. Aus dem Auto ist eine starke Alkoholfahne zu riechen. Wie reagieren Sie?“

Bei der Beantwortung der Fragen wären zum Beispiel folgende Antworten möglich: Im Fall von Beispiel 1 mache ich Beweisfotos, verständige die Polizei, greife, je nach Mannstärke, ins Geschehen ein, helfe den Kollegen beim Eintreffen und rede auf die Jugendlichen ein. Im Fall von Beispiel 2 ist zu beachten, dass keine Bevorzugung beziehungsweise eine Gleichbehandlung stattfindet. Ich bitte meinen Kollegen, mit meinem Nachbarn zu reden oder rufe im schlimmsten Fall, wenn der Kollege den Nachbarn ebenfalls sehr gut kennt, einen zweiten Streifenwagen zur Klärung der Situation.

Nun solltet auch Ihr ein paar Fragen zum Beruf stellen. Die Zeit im Gespräch (Dialog, kein Monolog!) verging sehr schnell.

Ich wurde nach draußen geschickt und es folgte eine kurze Bedenkzeit für den Prüfer. Nach kurzer Wartezeit wurde jedem das Ergebnis einzeln überreicht. Hier wurde auch schon ein kleiner Ausblick gegeben, ob die erreichte Note für eine Einstellung reicht.

Spätestens ab hier fiel mir ein großer Stein vom Herzen. Ich hatte es geschafft!

Die ärztliche Untersuchung

Im Anschluss ging es für die Leute, die das Auswahlverfahren erfolgreich bestanden hatten, weiter zur ärztlichen Untersuchung. Hier mussten verschiedenste Stationen durchlaufen werden. Es folgte eine Urinprobe, ein Besuch beim Zahnarzt, ein Seh- und Hörtest und ein Belastungs-EKG auf dem Fahrrad. Hierbei hatte ich keinerlei Probleme. Abschließend gab es eine Begutachtung durch den Arzt. Der Arzt stellte verschiedenste Fragen zur medizinischen Vorgeschichte. Jeder wird hier genau untersucht, gemessen und gewogen. Dann wurde entschieden, ob man tauglich oder untauglich für den Polizeidienst ist. Ich erhielt meine Tauglichkeit und freute mich, bald Teil der Landespolizei Bayern zu sein.

Es handelt sich hierbei um einen echten Erfahrungsbericht eines Bewerbers. Bitte bedenke, dass sich Einstellungstests ändern können und somit keine Gewähr für die Richtigkeit der Inhalte übernommen werden kann.

Fachspezifische Aufgaben zur Polizei

1. Wie viele Landespolizeien gibt es in der Bundesrepublik Deutschland?
a) 16
b) 14
c) 5
d) 21

2. Die Polizei ist ein ...
a) Legislativorgan des Staates.
b) Exekutivorgan des Staates.
c) Judikativorgan des Staates.
d) Exekutiv- und Legislativorgans des Staates.

3. Wo liegt der Sitz der INTERPOL?
a) Bonn
b) Genf
c) Lyon
d) Den Haag

4. Die Vollzugspolizei ist der Teil der Polizei, der ...
a) für schnelles Handeln verantwortlich ist.
b) von der Schusswaffe Gebrauch macht.
c) Streife fährt.
d) den Hauptteil der Gefahrenabwehr vornimmt.

5. In den Landeskriminalämtern ...
a) bündelt sich die kriminalistische Kompetenz eines Bundeslandes.
b) findet die nationale Verbrechensbekämpfung statt.
c) geht es immer um Mord und Totschlag.
d) werden Schwarzarbeit und Geldwäsche bekämpft.

6. Die Zahl der Polizisten in Deutschland beläuft sich auf rund ...
a) 16.000.
b) 60.000.
c) 160.000.
d) 260.000.
e) 350.000.

7. Der/die oberste Dienstherr/in der Landespolizei ist ...
a) der/die Polizeipräsident/in.
b) der/die Landesinnenminister/in bzw. Innensenator/in.
c) der/die Verteidigungsminister/in.
d) der/die Bundesinnenminister/in.

8. Wofür steht die Abkürzung SEK?
a) Spezialeinsatzkommando
b) Sondereinsatzkommando
c) Sicherung einer Kommune
d) Schnelles Einsatzkommando

9. Was zählt nicht zu den Aufgaben der Polizei?
a) Gefahrenabwehr
b) Strafverfolgung
c) Überwachung des Verkehrs
d) Ausstellen von Haftbefehlen

10. Welche Gefahrenart gibt es im Bereich der Gefahrenabwehr nicht?
a) erhebliche Gefahr
b) latente Gefahr
c) abstrakte Gefahr
d) maximale Gefahr

11. Zur Aufgabe der Polizei zählt auch die Wahrung der öffentlichen Ordnung. Was wird darunter nicht verstanden?
a) ungestörte Religionsausübung
b) Achtung der den Toten geschuldeten Pietät
c) Mindestanforderungen an Anstand, Ethik, Sittlichkeit und Moral
d) öffentliches Trinken

12. Welches Prinzip verpflichtet die Polizei zu Ermittlungen, wenn sie von Straftaten in Kenntnis gesetzt wird?
a) Legalitätsprinzip
b) Illegalitätsprinzip
c) Relativitätsprinzip
d) Absolutheitsprinzip

13. Was ist kein Zwangsmittel, das von der Polizei eingesetzt werden darf?
a) Zwangsgeld
b) Zwangshaft
c) Ersatzvornahme
d) Ordnungshaft

14. Was ist eine Schleierfahndung?
a) verdachtsunabhängige Personenkontrolle
b) Ermittlungsmethode zur Identitätsfeststellung bei Demonstrationen
c) inzwischen illegale Ermittlungsmethode aus der DDR
d) Fahndung nach verschleierten Personen

15. Wo wird die Versammlungsfreiheit garantiert?
a) im Bürgerlichen Gesetzbuch (BGB)
b) im Grundgesetz (GG)
c) im Polizeigesetz (PolG)
d) im Sozialgesetzbuch (SGB)

16. Eigentlich ist der polizeiliche Schutz der deutschen Außengrenzen allein Aufgabe des Bundes. In welchem Bundesland gab es abweichend von dieser Regel bis 1998 eine eigene Landes-Grenzpolizei?
a) Bayern
b) Brandenburg
c) Baden-Württemberg
d) Nordrhein-Westfalen

17. Welche Amtsbezeichnung steht einem Polizisten bzw. einer Polizistin zu, der/die auf seinen/ihren beiden Uniform-Schulterklappen jeweils zwei silberweiße Sterne trägt?
a) Polizeihauptmeister/in
b) Polizeihauptkommissar/in
c) Polizeikommissar/in
d) Polizeioberkommissar/in

18. Was war bis zur Einführung des modernen Polizeihelms in den 1960er Jahren eine übliche Kopfbedeckung deutscher Polizisten?
a) Tschako
b) Kappe
c) Zylinder
d) Mütze

19. Anwärter/innen für den höheren Polizeidienst müssen in der Regel ein Studium absolvieren an der Deutschen Hochschule der Polizei in ...
a) Duisburg.
b) Augsburg.
c) Münster.
d) Potsdam.

20. Polizeigewalt im Sinne von körperlicher Gewalt ist nur ...
a) bei Großveranstaltungen wie den G20 erlaubt.
b) in verhältnismäßigem Ausmaß erlaubt.
c) bei Ausschreitungen durch rechtsextreme Gruppen erlaubt.
d) in Berlin und Hamburg erlaubt.

21. Bis wann gab es in Deutschland eine Bahnpolizei als eine eigene Polizeiorganisation?
a) bis 1992
b) bis 1990
c) bis 2000
d) bis 1945

22. Wie heißt die Truppengattung der Bundeswehr, die als Militärpolizei eingesetzt wird?
a) Fernmeldetruppe EloKa
b) Feldjägertruppe
c) Truppe für operative Information
d) Instandsetzungstruppe

23. Unter welcher Kurzbezeichnung ist eine auf Englisch „European Police Office" genannte, für Polizeiaufgaben zuständige EU-Agentur bekannt?
a) Interpol
b) Europol
c) Europäische Justizbehörde
d) Europäische Strafverfolgungsbehörde

24. Wie wird der äußerst selten praktizierte, polizeiliche Gebrauch von Schusswaffen mit der Vorgabe, dass der Beschossene als Folge höchstwahrscheinlich stirbt, genannt?
a) Abwehrschuss
b) tödlicher Schusswaffengebrauch
c) Schuss mit Todesfolge
d) finaler Rettungsschuss

25. Wie lautet die Bezeichnung für etwa 80 bis 120 Mann starke Einheiten deutscher Bereitschaftspolizeien?
a) Staffel
b) Zug
c) Trupp
d) Hundertschaft

26. Unter welcher Buchstaben-Zahlen-Kombination ist die Anti-Terror-Einheit der Bundespolizei allgemein bekannt?
a) SEK 1
b) PSG 1
c) GSG 9
d) DSR 1

27. Wer ist der/die oberste Dienstherr/in der Polizei im Deutschen Bundestag (Polizei DBT)?
a) der/die Bundeskanzler/in
b) der/die Bundestagspräsident/in
c) der/die Bundespräsident/in
d) der/die Bundesinnenminister/in

28. Welche Dienstwaffe wird bei der Bundespolizei seit 2006 ausgegeben?
a) SIG Sauer P229
b) HK P8
c) HK P30
d) SIG Sauer P225

Lösungen: Fachwissen Polizei

1. a)	11. d)	21. a)
2. b)	12. a)	22. b)
3. c)	13. d)	23. b)
4. d)	14. a)	24. d)
5. a)	15. b)	25. d)
6. d)	16. a)	26. c)
7. b)	17. d)	27. b)
8. a)	18. a)	28. c)
9. d)	19. c)	
10. d)	20. b)	

Bundeswehr

Trotz abgeschaffter Wehrpflicht ist die Bundeswehr in Deutschland immer noch einer der größten Arbeitgeber des Landes. Jedes Jahr bewirbt sich eine Vielzahl an Interessenten in der Hoffnung, beim Bund anschließend Karriere machen zu können. Dabei kann man sich nicht nur als Soldat ausbilden lassen. Auch zivil gibt es eine ganze Reihe von Ausbildungs-möglichkeiten. Oftmals verspricht der spätere Beruf dabei ein abwechslungsreiches Aufgabenfeld.

Möglichkeiten ohne Schulabschluss

Während in vielen Unternehmen und Betrieben ein Schulabschluss die Mindestvoraussetzung für eine Einstellung ist, kann man sich bei der Bundeswehr für einige Stellen auch ohne Abschluss bewerben. Für den/die Soldat/in auf Zeit in der Laufbahn der Mannschaften reicht es beispielsweise aus, wenn der Bewerber die Vollzeitschulpflicht beendet hat. Ein tatsächlicher Schulabschluss wird nicht verlangt, ist somit auch kein Hindernis. Eine Voraussetzung ist allerdings, dass man mindestens eine Körpergröße von 1,55 Meter erreicht und sich für Auslandseinsätze bereit erklärt. Darüber hinaus gehören zur Bewerbung ein Auswahlverfahren und ein Einstellungstest. Dies ist bei vielen Ausbildungsberufen bei der Bundeswehr generell der Fall. Das Auswahlverfahren besteht aus einer ärztlichen Untersuchung, einem Einstellungstest, bei dem sprachliche und mathematische Fähigkeiten getestet werden, und einem Sporttest. Darüber hinaus gibt es noch ein Bewerbungsgespräch.

Ausbildung mit Real- oder Hauptschulabschluss

Auch wenn die Bundeswehr keinen Schulabschluss für die Ausbildung als Soldat auf Zeit voraussetzt, ist er bei den meisten anderen Stellen Pflicht. Schon mit einem Hauptschulabschluss kann man sich beim Bund in einer ganzen Reihe von zivilen Berufen ausbilden lassen. Oft sind Bewerber überrascht, in wie vielen Branchen eine Ausbildung möglich ist. Unter anderem bietet die Bundeswehr Zivilstellen für Zahntechniker, Maler und Lackierer, Tierpfleger, Gärtner, Werkstoffprüfer, Fluggerätmechaniker, Medizintechniker, Fachkrankenpfleger oder in der Medienproduktion an.

Manche Stellen, wie Medizintechniker oder Fachkrankenpfleger, setzen allerdings mindestens einen Realschulabschluss voraus. In militärischer Hinsicht kann man sich nach der Grundausbildung zum Soldat beispielsweise zum Jägersoldat, Fallschirmjägersoldat, Fluggeräteunteroffizier, Instandsetzungssoldat oder Bootsmann ausbilden lassen. Mit einem Realschulabschluss haben Bewerber zudem die Grundvoraussetzung zum Feldwebel.

Die Offiziers- und Pilotenlaufbahn

Abiturienten stehen grundsätzlich alle Ausbildungen bei der Bundeswehr offen, wozu auch eine Offizierslaufbahn gehört. Hier müssen Bewerber sich einem speziellen Auswahlverfahren mit Einstellungstest stellen, das deutlich anspruchsvoller ausfällt. Gerade für Offiziere sind Führungsfähigkeiten von besonderer Bedeutung, sodass diese schon während des Auswahlverfahrens überprüft werden. Wichtig ist zudem, dass sich Offiziere aufgrund der Tatsache, dass ihre Ausbildung ein Studium beinhaltet, langfristig verpflichten müssen. Dies ist bei vielen Berufen der Bundeswehr der Fall, bei angehenden Offizieren fällt die Verpflichtungszeit mit rund 13 Jahren aber besonders hoch aus.

Noch länger unterschreiben Bewerber, die sich für eine Ausbildung als Pilot interessieren. Diese müssen sich sogar für 16 Jahre verpflichten. Darüber hinaus ist das Auswahlverfahren bei einem Piloten besonders umfassend. Neben den normalen Tests gibt es auch einen psychologischen Einstellungstest und eine umfassende flugmedizinische Untersuchung.

Frauen bei der Bundeswehr

Im Gegensatz zu früher ist die Ausbildung bei der Bundeswehr mittlerweile auch für Frauen vollständig offen. Dies betrifft sowohl die Stellen, die zivil angeboten werden, als auch die militärische Laufbahn. Seit einem Urteil des Europäischen Gerichtshofs sind Frauen und Männer in der Armee nun völlig gleichberechtigt. Während beispielsweise eine Offizierslaufbahn vor 20 Jahren nur für männliche Bewerber möglich war, gibt es diese Einschränkung heute nicht mehr. Trotzdem ist die Bundeswehr jedoch nach wie vor sehr männlich geprägt. Dies soll sich langfristig aber ändern. So strebt man an, den Anteil der Frauen in allen Berufen beim Bund auf mindestens 15 Prozent zu erhöhen. Dies bedeutet jedoch nicht, dass die Ansprüche für Bewerberinnen geringer sind. Gerade Frauen, die Offizierin oder Pilotin werden möchten, müssen sich dem gleichen Einstellungstest und Auswahlverfahren stellen wie Männer.

Aufstiegs- und Weiterbildungsmöglichkeiten

Wie lange die Ausbildung bei der Bundeswehr dauert, hängt stark von der gewählten Stelle ab. Ein Soldat absolviert zunächst einmal eine Grundausbildung von sechs Monaten, bevor es dann mit der Spezialausbildung weitergeht. Eine Offizierslaufbahn beinhaltet zudem immer ein Studium von vier Jahren. Im Zivil-Bereich orientiert sich die Ausbildungslänge an den typischen Standards der jeweiligen Branche. Typisch sind hier zwischen zweieinhalb und dreieinhalb Jahren. Im Anschluss steht ausgebildeten Fachkräften in der Bundeswehr eine Vielzahl an Weiterbildungs- und Fortbildungsmöglichkeiten offen, mit denen sie sich auf bestimmte Bereiche spezialisieren können.

Eine sehr gute Informationsseite mit vielen aktuellen Inhalten (Erfahrungsberichte, Videos, kostenlose Tests etc.) zum Bundeswehr-Einstellungstest ist auf der folgenden Website zu finden: *www.bundeswehr-einstellungstest.de*

Erfahrungsbericht eines Bundeswehrbewerbers

Hallo, mein Name ist Jan. Anfang des Jahres bewarb ich mich bei der Bundeswehr für die Laufbahn des Feldwebels im allgemeinen Fachdienst, mit der Möglichkeit auf eine zivilberufliche Aus- und Weiterbildung. Es folgten einige Monate des Wartens und endlich erhielt ich die sehnlichst erwartete Einladung zur Vorstellung im Karrierecenter der Bundeswehr. Hier sollte meine Eignung geprüft werden. Im Folgenden berichte ich über den Ablauf der zwei Tage bei meiner Vorstellung im Karrierecenter, damit zukünftige Bewerber wissen, was ungefähr auf sie zukommen wird.

Tag 1: Ankunft, Eingangsuntersuchung, CAT

Erscheinen bis 10:30 Uhr, das sagte die Einladung, die ich einige Wochen zuvor bekommen hatte. So hieß es für mich an diesem Dienstagmorgen, zeitig meinen Weg zum Karrierecenter mit der Bahn anzutreten. Um 9:30 Uhr am Karrierecenter angekommen, wies ich mich am Empfang aus und bekam daraufhin Bettwäsche, ein Vorhängeschloss für den Spind, die Hausordnung sowie einen Laufzettel ausgehändigt. Mit einer Unterschrift bestätigte ich die Richtigkeit meiner Daten und verpflichtete mich dazu, die Hausordnung zu befolgen. Als nach und nach alle Mitbewerber eingetroffen waren, gingen wir auf die Stube. Insgesamt waren wir zu acht in einem Zimmer und jedem war ein Bett und ein Spind zugeteilt.

Um 12:30 Uhr fanden wir uns zur Begrüßung ein. Ein Hauptmann erklärte uns den Ablauf der folgenden Tage und was es bedeute, Soldat zu sein. Nach der kurzen Ansprache galt es auch schon die erste Hürde zu überwinden: Jeder bekam einen Bogen ausgeteilt, auf welchem man einige Multiple-Choice- und sechs ausformulierte Fragen (zum Beispiel „Was haben Sie aus der Schulzeit mitgenommen?“, „Was denkt Ihre Familie über Ihren Karrierewunsch?“) binnen 20 Minuten zu beantworten hatte. Diese Fragen werden eventuell im persönlichen Gespräch aufgegriffen und sollten daher mit Bedacht beantwortet werden!

Anschließend hatten wir etwa 30 Minuten Zeit, um Mittag zu essen und uns danach in einem Testraum einzufinden – denn nun war das berüchtigte Computer-assistierte Testen (CAT) an der Reihe. Jeder bekam nach Abgabe des Laufzettels einen Arbeitsplatz zugewiesen und kurz darauf begann auch schon der Test. Die Testfragen richten sich nach dem gewünschten Tätigkeitsfeld. Wer etwa in einem technisch anspruchsvollen Bereich tätig werden möchte, sollte sich daher auch auf einen Schwer-punkt in naturwissenschaftlich-technischen Fragen einstellen. Anders sieht es da wieder in kaufmännischen Disziplinen aus. Jedoch rate ich allen Bewerbern, sich auf jede Eventualität vor-zubereiten und nicht auf Lücke zu lernen!

Natürlich gibt es auch allgemeine Aufgaben, die alle Bewerber durchlaufen. Hierzu zählte etwa ein Pool aus 50 Thesen, welche allesamt mit „stimme zu“ oder „stimme nicht zu“ zu beantworten waren. Manche wirkten trivial, entpuppten sich jedoch beim genaueren Hinsehen als brandgefährlich (zum Beispiel „Ich stehe gerne im Mittelpunkt.“, „Jeder sollte die Möglichkeit zur freien Religionsausübung haben.“).

Ich habe bei meinen Vorbereitungen auf den Test gute Erfahrungen mit Einstellungstestaufgaben im Internet, aber auch mit dem Buch hier gemacht. Da die Fragen unterschiedlich ausfallen, variiert auch die Testdauer stark. So hatte ich meinen Test bereits nach etwa einer Stunde abgeschlossen und war daher zunächst verunsichert. Ich bekam den Laufzettel zurück, der die bereits abgeschlossenen Stationen nachwies, und bekam gesagt, wo ich mich anschließend zu melden hatte. Über den Steuerkopf, der von mir die Ergebnisse des CAT in einem Umschlag bekam, ging ich zum Arzt. Durch meinen kurzen Computertest hatte ich nun quasi keine Wartezeit bei allen folgenden Stationen.

Bei der Aufnahmeuntersuchung wurde das Seh- und Hörvermögen getestet sowie die Körpergröße und das Gewicht gemessen. Auch eine Urinprobe für einen Drogentest wurde gefordert.

Ab 16 Uhr war der Tag zu Ende und wir durften die Kaserne bis 21 Uhr verlassen. Man tauschte sich noch über den Test aus und bereitete sich mental auf den zweiten Tag vor. Ich war froh, den Computertest, meine größte Sorge, hinter mich gebracht zu haben und war gespannt auf den nächsten Tag.

Tag 2: Ärztliche Untersuchung, Sporttest, psychologisches Gespräch, Einplanung, BFD

Der Wecker klingelte um 5:40 Uhr. Um 6 Uhr hieß es: Frühstück. Danach hatten sich alle Bewerber im Warteraum zur ärztlichen Untersuchung einzufinden. Nach kurzer Wartezeit wurde ich aufgerufen und die Musterung begann, welche in etwa wie folgt vonstatten ging:

- zahlreiche Fragen zu chronischen Krankheiten, Auslandsaufenthalten, Knochenbrüchen, Drogenkonsum
- Überprüfung der Gelenkfunktionen und Abtasten des Körpers
- Puls- und Blutdruckmessung im Ruhezustand und bei Anstrengung

- ggf. Prüfung des Gleichgewichtssinns (für Bordtauglichkeit)
- Zuletzt wird einem der Tauglichkeitsgrad genannt und bescheinigt.

Für mich ging es danach erneut zum Steuerkopf und anschließend hatte ich bis zum Sporttest anderthalb Stunden frei. Nachdem auch die anderen meiner Gruppe die Musterung hinter sich gebracht hatten, zogen wir uns für den Sporttest um und wurden von einem Soldaten am Warteraum abgeholt.

Der Basis-Fitness-Test besteht aus drei Bereichen: Schnelligkeit, Kraft und Ausdauer.

Nach einer kurzen, freien Aufwärmphase begann, immer zu zweit, der Sprinttest. Bäuchlings auf einer Matte, mit den Händen neben dem Körper liegend, rannte man auf ein Zeichen eine Strecke von zehn Metern, umkreiste am Ende eine Pylone, rannte die Strecke zurück, warf sich auf die Matte und klatschte hinter dem Rücken in die Hände. Das Ganze fünfmal (11 × 10 Meter). Maximal 60 Sekunden.

Anschließend war nach Kraft gefragt – es ging zum Klimmhang. Mit dem Kinn über einer Reckstange verharrt man so lange wie möglich in der Endposition eines Klimmzugs. Mindestens vier Sekunden.

Letzte Hürde war das Fahrradergometer. Hier gilt es, eine Strecke von 3.000 Metern in weniger als 6:30 Minuten zurückzulegen und dabei eine gewisse Anzahl von Umdrehungen pro Minute nicht zu überschreiten. Die Wattzahl ist hierbei beliebig wählbar. Für alle Aufgaben gilt: Je besser man sich anstellt, desto besser ist auch die Bewertung. Zumindest einmal sollte man daher jede Disziplin im Voraus geübt haben.

Den Sporttest gemeistert, stand „nur“ noch das Gespräch als wirkliche Herausforderung an. Davor hatten wir jedoch fast zweieinhalb Stunden Freizeit, die wir nutzten, um außer Haus essen zu gehen.

Das psychologische Gespräch

Dann hieß es für mich, sich in Schale zu werfen, denn das psychologische Gespräch stand an. Aufgeregt wartete ich in einem Wartezimmer, bis ich schlussendlich aufgerufen wurde. Im Raum saßen mir der Prüfoffizier und eine Psychologin gegenüber. Die Dame eröffnete das Gespräch und stellte mir Fragen zu meinem schulischen Werdegang und meiner Person. Mit der Zeit legte sich meine Anspannung. Die Psychologin fragte mich unter anderem, was denn zum Aufgabenspektrum des Feldwebels gehöre und ging auch kurz auf den Bogen ein, den wir am ersten Tag auszufüllen hatten. In meinem Fall (!), stellte der Offizier keine Fragen. Nach etwa 20 Minuten wurde ich vor die Tür gebeten und nach kurzer Zeit wieder hereingerufen.

Der Prüfoffizier teilte mir mit, dass man sich dafür entschieden hätte, mir die Eignung als Feldwebel auszustellen. Dies war eindeutig der Moment, als all die Anspannung der letzten Tage von mir fiel. Beide wünschten mir alles Gute und ich ging zum Einplaner. Der Einplaner versucht, so gut es geht, die Wünsche des Bewerbers mit dem Bedarf der Bundeswehr in Einklang zu bringen. Aus diesem Grund kann es auch vorkommen, dass der Wunschverwendung mangels begrenzter Stellen nicht stattgegeben werden kann. Insofern sollte man sich im Voraus mit alternativen Verwendungsmöglichkeiten auseinandergesetzt haben.

Letzte Station des Einstellungsverfahrens war dann der Berufsförderungsdienst. In einem Einzelgespräch werden Weiter- und Ausbildungsmöglichkeiten für die Zeit nach der Verpflichtung diskutiert.

Nun hatte ich alle Stationen hinter mir, war völlig am Ende und überglücklich, dass ich meine Eignung erhalten hatte. Ich wünschte den anderen auf dem Gang noch alles Gute, ging zurück zur Stube, zog mein Bett ab, packte meine Sachen und gab alle erhaltenen Gegenstände, mitsamt dem Laufzettel, beim Empfang ab.

Als baldiger Feldwebelanwärter verließ ich die Kaserne und trat meinen Nachhauseweg an.

Es handelt sich hierbei um einen echten Erfahrungsbericht eines Bewerbers. Bitte bedenke, dass sich Einstellungstests ändern können und somit keine Gewähr für die Richtigkeit der Inhalte übernommen werden kann.

Fachspezifische Aufgaben zur Bundeswehr

1. Wofür steht die Abkürzung BFD?
a) Bundeswehr für dich
b) Berufsförderungsdienst der Bundeswehr
c) Bundeswehr-Frauen-Dienst
d) Betrieblicher Freiwilligen-Dienst

2. Wer ist der/die Oberbefehlshaber/in der Bundeswehr?
a) der/die Bundeskanzler/in
b) der/die Bundespräsident/in
c) der/die Verteidigungsminister/in
d) das Hauptquartier Hardthöhe in Bonn

3. Welche der folgenden Aufgaben gehört nicht in den offiziellen Aufgabenbereich der Bundeswehr in Deutschland?
a) die Sicherung der außenpolitischen Handlungsfähigkeit
b) Beiträge zur Verteidigung verbündeter Staaten
c) die nationale Verteidigung und Sicherheit zu gewährleisten
d) Maßnahmen zur Förderung der deutschen Rüstungsindustrie

4. Die Bundeswehr formuliert ihr Selbstverständnis in einer bestimmten Formel. Wie lautet das Motto?
a) Wir lieben Deutschland.
b) Wir dienen Deutschland.
c) Wir sind Deutschland.
d) Wir kämpfen für Deutschland.

5. Welche Bezeichnung für militärische Fahrzeuge der Bundeswehr gibt es nicht?
a) Büffel
b) Bison
c) Igel
d) Puma

6. Welcher Dienstgrad gehört zur Offizierslaufbahn?
a) Stabsunteroffizier
b) Leutnant
c) Gefreiter
d) Hauptfeldwebel

7. Die Wehrpflicht wurde in Deutschland mittlerweile ...
a) ausgesetzt.
b) abgeschafft.
c) nicht angetastet.
d) auch für Frauen eingeführt.

8. Wie heißt das Standardgewehr der Bundeswehr?
a) MP3
b) P8
c) G36
d) G3

9. Hinter welchem Begriff steckt ein militärisches Gerät aus der Teilstreitkraft Luftwaffe?
a) Boxer
b) Tiger
c) Leopard
d) Draken

10. Wie lange dauert die allgemeine Grundausbildung?
a) sechs Monate
b) zwölf Monate
c) neun Monate
d) drei Monate

11. Wo befindet sich das Hauptquartier der Bundeswehr?
a) Berlin
b) Pullach im Isartal
c) Landshut
d) Hardthöhe

12. Im „Standby Agreement“ zwischen der Bundesrepublik und der UNO wird geregelt, dass ...
a) die Bundesrepublik nicht ohne UNO-Mandat in militärische Konflikte eingreift.
b) die UNO die Bundesrepublik in militärischen Konflikten mit friedenssichernden Maßnahmen unterstützt.
c) die Bundesrepublik etwa 1.000 Soldaten für die UNO bereitstellt.
d) die UNO alle deutschen Soldaten mit UNO-Uniformen ausstattet.

13. Die Bundeswehr ist eine Parlamentsarmee. Was bedeutet das?
a) Ein bewaffneter Einsatz setzt einen Beschluss des Parlaments voraus.
b) Die Armee dient zum Schutz des Parlaments.
c) Der Parlamentspräsident hat die Möglichkeit, durch einen Beschluss Kontrolle über die Armee auszuüben.
d) In Krisenfällen ist das höchste Ziel der Armee die Aufrechterhaltung des Parlaments.

14. Was ist kein Teil des zivilen Organisationsbereichs der Bundeswehr?
a) Personal
b) Ausrüstung
c) Informationstechnologie und Nutzung
d) Sanitätsdienst

15. Wieso wurde der Verkauf von NVA-Panzern an die Türkei oft kritisiert?
a) Da man damit eine ausländische Streitkraft stärkt.
b) Die Panzer hätten etwa im Inland für die Polizei nützlich sein können.
c) Durch Verschrottung hätten höhere Gewinne erzielt werden können.
d) Die Türkei setzte die Panzer zur Bekämpfung von Minderheiten ein.

16. Ist es möglich, dass die Bundeswehr auch im Inland eingesetzt wird?
a) Ja, das ist uneingeschränkt möglich.
b) nein
c) ja, aber nur in Ausnahmefällen (z.B. bei Katastrophen, schweren Unfällen)
d) ja, wenn der Bundespräsident es befiehlt

17. Welche Aussage stimmt nicht:
a) Die evangelische und die katholische Militärseelsorge in Deutschland sind durch Staatskirchenverträge geregelt.
b) Die Militärseelsorger werden von ihren Landeskirchen bzw. Diözesen für diesen Dienst freigestellt.
c) Im September 2012 wurde die „Ökumenische Initiative zur Abschaffung der Militärseelsorge" gegründet.
d) Militärseelsorger nehmen nicht an Übungen und Auslandseinsätzen der Bundeswehr teil.

18. Wie hoch lag ungefähr der Frauenanteil der Bundeswehr im Jahr 2015?
a) etwa fünf Prozent
b) etwa ein Prozent
c) etwa zehn Prozent
d) etwa 25 Prozent

Lösungen: Fachwissen Bundeswehr

1. b)	7. a)	13. a)
2. c)	8. c)	14. d)
3. d)	9. b)	15. d)
4. b)	10. d)	16. c)
5. c)	11. d)	17. d)
6. b)	12. c)	18. c)

Feuerwehr

Schon als Kind träumen viele davon, einmal im späteren Leben bei der Feuerwehr zu arbeiten. Auch im Erwachsenenalter ist der Beruf des Feuerwehrmanns beziehungsweise der Feuerwehrfrau für viele Menschen ein Traumjob. Mit Einsatzmöglichkeiten in der Brandbekämpfung, in Flughäfen, im Rettungsdienst oder einfach nur, wenn die klassische Katze vom Baum geholt werden muss, ist der Beruf sehr vielfältig.

Berufsfeuerwehren, Werksfeuerwehr oder die freiwillige Feuerwehr

Wer sich für eine Stelle bei der Feuerwehr interessiert, der kann sich an eine Reihe von möglichen Arbeitgebern wenden. Vergleichsweise klassisch sind die Berufsfeuerwehren. Darüber hinaus bilden Leitstellen, Aufsichtsbehörden und Werksfeuerwehren aus. Bei Letzteren sind Feuerwehrleute normale Angestellte, die nach Tarifvertrag bezahlt werden. Ansonsten handelt es sich bei dem Beruf in vielen Fällen um ein Beamtenverhältnis. Zudem gibt es natürlich auch die Freiwillige Feuerwehr. Diese setzt sich in der Regel aber aus ehrenamtlichen Mitgliedern zusammen. Trotzdem kann die Freiwillige Feuerwehr durchaus nützlich für eine spätere Karriere sein. Gerade wenn man schon in jungen Jahren Mitglied ist, wirkt sich dies sehr gut auf den Lebenslauf aus.

Unterschiedliche Laufbahnen bei der Feuerwehr

Unabhängig davon, ob man sich zuerst für die Freiwillige Feuerwehr entscheidet, wird bei der späteren Berufslaufbahn zwischen unterschiedlichen Laufbahnen unterschieden. Für Neulinge kommt oft nur die niedrigste Laufbahn in Betracht, da man für die höheren Dienste schon gewisse Ausbildungen mitbringen muss. In der Regel unterscheidet man zwischen mittlerem, gehobenem und höherem Dienst. In manchen Bundesländern, wie zum Beispiel Hamburg, unterscheidet man allerdings nur noch zwischen zwei Laufbahnen.

Die Voraussetzung im mittleren Dienst

Der mittlere Dienst stellt den größten Teil der Feuerwehrleute. Hierbei handelt es sich um die normalen Einsatzkräfte. Zudem gehören auch die Kräfte im Rettungsdienst meist zur mittleren Ebene. Für Bewerber gilt formal ein Hauptschulabschluss inklusive anschließender abgeschlossener Berufsausbildung (in NRW zum Beispiel nach § 31 Handwerksordnung) als Voraussetzung für die Bewerbung. In vielen Bundesländern, wie Bayern oder Hamburg, müssen Bewerber allerdings nicht mehr zwangsweise einen Handwerksberuf gelernt haben, hier reicht mitunter sogar eine Ausbildung in einem kaufmännischen oder industriellen Beruf. In NRW lässt sich zudem eine zweistufige Ausbildung absolvieren. Hier erwirbt der Auszubildende eine handwerklich-technische Grundqualifizierung, bevor dann der reguläre feuerwehrtechnische Vorbereitungsdienst beginnt. Auch in anderen Bundesländern, wie in Berlin, ist dies eine Möglichkeit. Voraussetzung ist die Fachhochschulreife.

Der gehobene und höhere Dienst

Im gehobenen Dienst werden vor allem Personen für die mittlere Führungsebene ausgebildet. Bewerber müssen mindestens über eine Zugführerausbildung verfügen, die wiederum eine Ausbildung als Gruppenführer voraussetzt. Im Anschluss kann man beispielsweise als Zugführer oder Einsatzleiter eingesetzt werden. Der höhere Dienst bildet schließlich die obere Führungsebene der Feuerwehr. Als Voraussetzung sind die Verbandsführer- und die Stabsausbildung Pflicht.

Auswahlverfahren und Einstellungstest

Die Ausbildung zum Feuerwehrmann im mittleren Dienst kann zwischen neun Monaten und zwei Jahren betragen. Wie lange die Ausbildungszeit dauert, hängt von der jeweiligen Ausbildungsstelle ab. Dies kann sich je nach Bundesland und den Voraussetzungen stark unterscheiden. Daher ist es immer eine gute Idee, sich im Vorfeld genau zu informieren, unabhängig davon, ob man sich in Hamburg, NRW oder Bayern für eine Stelle bewirbt.

In jedem Falle müssen Bewerber aber mit einem Auswahlverfahren und einem Einstellungstest rechnen. Die Auswahlverfahren ähneln sich in den Bundesländern. So gibt es beispielsweise in Bayern und NRW zunächst einen schriftlichen Einstellungstest und einen praktischen beziehungsweise sportlichen Einstellungstest. Im Anschluss geht es in beiden Bundesländern mit einem Vorstellungsgespräch weiter, bevor dann Tauglichkeitsuntersuchungen den Abschluss machen. Letztere sollten Bewerber nicht unterschätzen.

Neben der Tatsache, dass Bewerber EU-Bürger sein müssen, ist die körperliche Tauglichkeit die größte Voraussetzung für eine Stelle bei der Feuerwehr. Dabei überprüfen die Ärzte auch, ob man eventuell schon vor dem Erreichen der Altersgrenze (zwischen 60 und 67 Jahren) seine Tauglichkeit verlieren könnte. Mitunter können schon Sehhilfen dazu beitragen, dass ein Bewerber das Auswahlverfahren nicht übersteht. Auch hier gibt es aber wieder große Unterschiede je nach Bundesland. Was in Bayern zu einem Ausschluss führt, kann in Hamburg, Berlin oder NRW durchaus unproblematisch sein.

Eine sehr gute Informationsseite mit vielen aktuellen Inhalten (Erfahrungsberichte, Videos, kostenlose Tests etc.) zum Feuerwehr-Einstellungstest ist auf *www.einstellungstest-feuerwehr.de* zu finden.

Erfahrungsbericht eines Feuerwehrbewerbers

Hallo, ich bin Florian und möchte Bewerbern einen groben Überblick über den Einstellungstest bei der Feuerwehr Berlin geben. Allerdings nehme ich schon vorweg, dass es immer wieder zu ein paar Veränderungen und Abweichungen kommen kann. Dennoch denke ich, dass es gut ist, vorher eine ungefähre Vorstellung zu haben, was einen erwartet.

Ging der Einstellungstest für die Berliner Feuerwehr früher über vier Tage, so beschränkt sich das Ganze nun lediglich auf einen Tag. Dieser beginnt meistens gegen 7:00 Uhr auf dem Gelände der Feuerwehr- und Rettungsdienst-Akademie. Nicht vergessen solltest du hier deinen Personalausweis und deine Einladung zum Test. Nachdem du eine Karte mit deinem Namen und einer Nummer erhalten hast, kann der Testtag beginnen.

Als Erstes geht es zum Computertest, bei dem du dich an den Computer mit deiner Kartennummer setzt und dann eingewiesen wirst. Beim Computertest wird vor allem dein mathematisches Verständnis (Bruchrechnung, logische Reihenfolge von Zahlen, Prozentrechnung, Grundrechenarten, Dreisatz), aber auch deine Rechtschreibung und Grammatik sowie dein logisches Denken (zum Beispiel: Welcher Begriff passt nicht zu den anderen?) überprüft. Anschließend gibt es noch einige Szenarien, in denen du nun in der Rolle des Feuerwehrmannes oder der Feuerwehrfrau bist und Entscheidungen nicht nur treffen, sondern auch begründen sollst. Für jedes Szenario stehen dir drei bis fünf Minuten zur Verfügung. Danach hast du den ersten Teil des Einstellungstests schon geschafft.

Der zweite Teil ist die Selbstpräsentation vor einem Komitee von sieben Personen. Deine Präsentation sollte dich und deinen bisherigen Werdegang kurz, aber möglichst genau beschreiben. Natürlich solltest du dem Komitee auch deine Motivation zeigen, warum du unbedingt zur Feuerwehr möchtest. Für diese Präsentation stehen dir verschiedene Medien wie ein Whiteboard, eine Magnettafel oder auch ein Overheadprojektor zur Verfügung.

Anschließend stellt dir das Komitee noch einige persönliche Fragen zum Beispiel zu deiner Motivation, was du machst, sollte dein Plan mit der Feuerwehr nicht klappen, wo deine Stärken und wo deine Schwächen liegen etc.

Abschließend gibt es noch kurz ein Rollenspiel zu einem Einsatzszenario, bei dem eine Schauspielerin anwesend sein wird. Zum Beispiel: Du bist, zusammen mit deiner Kollegin, im Rettungsdienst und sollst eine Patientin überzeugen, mit ins Krankenhaus zu kommen, die das alles nicht für nötig hält.

Nach so viel Denken und Reden kommt der letzte Teil des Tages – der Sporttest. Dieser besteht aus verschiedenen Disziplinen. Zu Beginn wird zehn bis 15 Minuten Fahrrad gefahren. Die Wattzahl steigt in der Zeit stetig und über eine Maske wird dein Sauerstoffverbrauch gemessen. Als Vorbereitung ist hier Ausdauersport durchaus sinnvoll. Daraufhin folgt der Krafttest in Form von Latziehen, mit 40 Kilogramm Gewicht. Mindestanforderung sind 20 Wiederholungen, das Ziel sind jedoch 50, sowie die Brustpresse mit ebenfalls 40 Kilogramm Gewicht. Allgemein ist zu sagen, je mehr desto besser, denn für jede Station gibt es Punkte.

Anschließend wird deine Balance auf dem Schwebebalken getestet. Aber nicht nur deine Balance zählt, sondern auch die Zeit. Die Aufgabe kann wie folgt aussehen: balancieren bis zum Medizinball in der Mitte des Schwebebalkens, über den Medizinball steigen, den Sandsack am Ende des Balkens aufheben und mit einer Hand zum anderen Ende tragen. Dort die Hand wechseln und wieder über den Medizinball bis zum anderen Ende laufen.

In der letzten Aufgabe des Sporttests kannst du dich dann wie ein richtiger Feuerwehrmann beziehungsweise eine richtige Feuerwehrfrau fühlen. Dir wird ein Bild gezeigt, auf dem aus einigen Feuerwehrgerätschaften ein Modell zusammengebaut ist. Dieses Bild gut merken! Anschließend läufst du mit Überjacke, Überhose, Helm, Handschuhen, Pressluftatemgerät und Maske durch einen Parcours und musst die entsprechenden Teile für das gezeigte Modell mitbringen. Anschließend gilt es dieses noch zusammenzubauen.

Nach diesem anstrengenden Tag hast du dir ein bisschen Erholung verdient und es heißt für dich, auf das Ergebnis zu warten. Ich wünsche allen zukünftigen Bewerbern viel Erfolg!

Es handelt sich hierbei um einen echten Erfahrungsbericht eines Bewerbers. Bitte bedenke, dass sich Einstellungstests ändern können und somit keine Gewähr für die Richtigkeit der Inhalte übernommen werden kann.

Fachspezifische Aufgaben zur Feuerwehr

1. Beim ABC-Einsatz ...
a) werden die durch Feuer verursachten Schäden nach Verbrennungsgrad klassifiziert.
b) schützen Feuerwehrleute vor atomarer, biologischen oder chemischen Gefahren.
c) wird die Schnelligkeit von Feuerwehreinsätzen bewertet.
d) handelt es sich um besonders gefährliche Einsätze mit Atemschutzpflicht.

2. Welcher der folgenden Begriffe beschreibt keine Feuerwehr?
a) Werksfeuerwehr
b) Berufsfeuerwehr
c) Pflichtfeuerwehr
d) Landesfeuerwehr

3. Für die Weiterbildung der Feuerwehrangehörigen ist welche der folgenden Einrichtung zuständig?
a) die einzelnen Feuerwehren
b) die Landesfeuerwehrschulen
c) die Bundesanstalt für Feuerwehrtechnik
d) die Kommunen und kreisfreien Städte

4. Aus welchem Grund sollte heißes oder brennendes Fett nicht mit Wasser gelöscht werden?
a) Weil Fett nicht in Wasser gelöst werden kann und es somit keine Verbindung eingeht.
b) Da Fett auch zu einem Großteil aus Wasser besteht, würde keine Löschwirkung einsetzen.
c) Da das Fett heißer ist als das Wasser, würde es zu einer explosionsartigen Verdampfung kommen.
d) Der Einsatz von Wasser würde den Brand nur verstärken, da eine chemische Reaktion einsetzt.

5. Die verschiedenen Schlaucharten der Feuerwehr sind mit Buchstaben von A bis D gekennzeichnet. Wie werden der A- und B-Schlauch gemessen am Innendurchmesser eingeordnet?
a) der Größte und Kleinste
b) der Kleinste und Größte
c) der Größte und Zweitgrößte
d) der Kleinste und Zweitkleinste

6. Was versteht man unter dem Begriff „Brandklasse"?
a) eine Größeneinteilung, wie groß der Brand war
b) eine interne Bezeichnung für das größte Fahrzeug
c) eine nicht relevante Färbung der Flammen
d) eine Einteilung des brennenden Stoffes in verschiedene Kategorien

7. Welche Aufgabe zählt nicht zu denen der Berufsfeuerwehren?
a) bergen
b) löschen
c) retten
d) festnehmen

8. Welche der folgenden Aufzählungen entspricht den Vorgaben der Brandklassen?
a) feste Stoffe, flüssige Stoffe, gasförmige Stoffe, Brände von Metall, Brände von Ölen und Fetten
b) feste Stoffe, flüssige Stoffe, gasförmige Stoffe, Brände von Metall, Brände von Farben und Chemikalien
c) feste Stoffe, benzinhaltige Stoffe, gasförmige Stoffe, Brände von Metall, Brände von Ölen und Fetten
d) hölzerne Stoffe, flüssige Stoffe, gasförmige Stoffe, Brände von Metall und Beton, Brände von Ölen und Fetten

9. Wie nennt sich das Ausrüstungsteil, welches es dem Feuerwehrangehörigen ermöglicht, verqualmte Räume zu betreten?
a) Gasfilter
b) Pressluftatemgerät (PA)
c) Rauchfilter
d) umluftabhängiges Atemgerät (UA)

10. Was findest du im sogenannten „Feuerdreieck"?
a) Verbrennungsbedingungen
b) Unterscheidung verschiedener Brandarten
c) ein Warndreieck, welches die Feuerwehr benutzt
d) Abgrenzung von Brandherden

11. Das Atemgift Kohlenmonoxid hat die chemische Bezeichnung CO. Wie verhält sich seine relative Masse im Vergleich zur Umgebungsluft?
a) schwerer als Luft
b) gleiche Masse
c) leichter als Luft
d) Aufgrund der chemischen Zusammensetzung kann ihm keine Masse zugesprochen werden. Dies macht es so gefährlich für Feuerwehrleute.

12. Wofür steht die Abkürzung HLF?
a) Hilfeleistungslöschfahrzeug
b) Hilfeleistungslöschgruppenfahrzeug
c) Helikopterleitfahrzeug
d) Helikopterhilfefahrzeug

13. Innerhalb von welcher Zeitspanne muss eine Berufsfeuerwehr nach Alarmierung ausgerückt sein?
a) 30 Sekunden
b) 60 Sekunden
c) 90 Sekunden
d) 120 Sekunden

14. Innerhalb von welcher Zeitspanne muss eine Flughafenfeuerwehr nach Alarmierung am Einsatzort eingetroffen sein?
a) 120 Sekunden
b) 180 Sekunden
c) 4 Minuten
d) 5 Minuten

15. Welcher Trupp geht normalerweise zur Personenrettung als Erstes in eine brennende Wohnung?
a) Angriffstrupp
b) Wassertrupp
c) Rettungstrupp
d) Bergetrupp

16. Seit wann ist die 112 die europäische Notrufnummer?
a) 2001
b) 1995
c) 2000
d) 1991

17. Was ist ein Feuersturm?
a) explosionsartige Ausbreitung eines Brandes
b) rasche Bekämpfung eines Brandes
c) Kamineffekt
d) ein sich schnell ausbreitendes Feuer

18. Welche Funktion hat ein Schlauchturm?
a) Lagerung von Schläuchen
b) Herstellung von Schläuchen
c) Präsentation von Schläuchen
d) Trocknung von Schläuchen

19. Welcher Brand gehört zu den schwersten der Neuzeit?
a) 1923, Tokyo/Yokohama
b) 1933, London
c) 1911, San Francisco
d) 1977, Peking

20. Welcher Buchstabe sollte auf einem Feuerlöscher einer Großküche zu finden sein?
a) A
b) B
c) D
d) F

21. Was ist eine der besten Möglichkeiten, um Todesopfer bei Bränden zu verhindern?
a) Feuerlöscher
b) Rauchmelder
c) Feuertreppen
d) Automatisches Notrufsystem

22. Welches Gewicht kann die Ausrüstung eines Feuerwehrmannes erreichen?
a) bis zu 75 kg
b) bis zu 45 kg
c) bis zu 15 kg
d) bis zu 5 kg

Lösungen: Fachwissen Feuerwehr

1. b)	9. b)	17. c)
2. d)	10. a)	18. d)
3. b)	11. c)	19. a)
4. c)	12. b)	20. d)
5. c)	13. b)	21. b)
6. d)	14. b)	22. b)
7. d)	15. b)	
8. a)	16. d)	

Zoll

Trotz offener Grenzen innerhalb der EU ist der Zoll nach wie vor eine wichtige Stütze in Deutschland. Rund 40.000 Zöllner arbeiten in der Bundesrepublik, wobei sie die Verantwortung für eine Vielzahl an Aufgaben tragen. Interessenten für eine Ausbildung können sich daher auf einen abwechslungsreichen Arbeitsalltag freuen. Im Gegensatz zur Polizei ist die Ausbildung zudem in Deutschland einheitlich geregelt. Dies betrifft sowohl die Voraussetzungen als auch die Inhalte.

Einstellungsvoraussetzungen für Zöllner

Wer sich für eine Stelle beim Zoll bewerben möchte, hat die Auswahl zwischen dem mittleren und dem gehobenen Dienst. Bei beiden Berufswegen gibt es im Vorfeld ein Auswahlverfahren mit Einstellungstest, allerdings unterscheiden sich die schulischen Voraussetzungen. Wer sich für den mittleren Dienst interessiert, benötigt mindestens einen Realschulabschluss oder eine Berufsausbildung im Rechtsanwalts- oder Steuerbereich beziehungsweise im kaufmännischen Bereich.

Für den gehobenen Dienst ist mindestens ein Abitur notwendig, um eine Zulassung für das Auswahlverfahren zu erhalten. Neben der schulischen Voraussetzung müssen Bewerber zudem über die deutsche Staatsbürgerschaft oder eine Staatsbürgerschaft der EU verfügen und dürfen nicht vorbestraft sein. Fitness ist ebenfalls ein wichtiger Faktor. Im mittleren Dienst gehört ein Sportabzeichen zu den Pflichtvoraussetzungen. Für die Zulassung zum Einstellungstest ist mindestens Bronze notwendig. Im gehobenen Dienst spielt dies keine Rolle, trotzdem müssen Kandidaten gesund und körperlich fit sein.

Das Auswahlverfahren

Wer die formalen Vorgaben erfüllt, der besitzt zunächst einmal die Voraussetzungen, um für das Auswahlverfahren zugelassen zu werden. Dieses setzt sich aus einem schriftlichen und einem mündlichen Einstellungstest zusammen. Im schriftlichen Test werden unter anderem das Zahlenverständnis und das Sprachverständnis überprüft. Eine Besonderheit beim Zoll-Auswahlverfahren ist die Postkorbübung, bei welcher die Bewerber auf Zeit sehr viele und schwierige Entscheidungen fällen müssen und dabei den Überblick nicht verlieren dürfen. Darüber hinaus gibt es einen Wissenstest. Im Anschluss geht es mit dem mündlichen Einstellungstest weiter. Der mündliche Teil umfasst eine Gruppendiskussion, ein Rollenspiel und ein Interview. Im Auswahlverfahren des gehobenen Dienstes gehört zudem auch ein Kurzvortrag zum mündlichen Einstellungstest.

Die Ausbildung im mittleren Dienst

Während der Bewerbungsprozess beim Zoll für den mittleren und den gehobenen Dienst sehr ähnlich ist, unterscheidet sich die Ausbildung deutlich. Auszubildende im mittleren Dienst lernen zwei Jahre. Der theoretische Teil findet dabei in den Bildungs- und Wissenschaftszentren der Bundesfinanzverwaltung statt. Diese befinden sich in Plessow (bei Potsdam), Rostock und Sigmaringen. Die praktische Ausbildung erfolgt an den jeweiligen Dienststellen. Am Anfang steht immer ein Einführungspraktikum von einer Woche. Im Anschluss geht es mit einem sechsmonatigen Einführungslehrgang weiter. Hier tragen die Auszubildenden bereits Uniform. Zu den Ausbildungsinhalten gehören Vollzugsrecht, allgemeines Steuerrecht, Vollstreckungsrecht, Strafrecht, Sozialversicherungsrecht und Ausländerrecht.

Nach Abschluss des Unterrichts gibt es eine erste Zwischenprüfung. Daraufhin folgt die praktische Ausbildung in einer Zolldienststelle. Diese dauert noch einmal zwölf Monate. Den Abschluss bildet ein sechsmonatiger Lehrgang, an dessen Ende die Auszubildenden vier schriftliche Arbeiten und eine mündliche Prüfung ablegen müssen.

Die Ausbildung im gehobenen Dienst

Im Gegensatz zum mittleren Dienst gehört zur Ausbildung im gehobenen Dienst des Zolls ein Studium. Die Dauer beträgt drei Jahre. Den Anfang macht ein sechsmonatiges Grundstudium, bei dem Grundlagen in den Bereichen Recht, Politik, Volkswirtschaft, Finanzwirtschaft, Betriebswirtschaft und Sozialwissenschaft gelehrt werden. Nach einer Zwischenprüfung folgen mehrere Praktika. Hier lernen die Auszubildenden die unterschiedlichen Aufgabenbereiche der Verwaltung kennen. Im Anschluss wartet das Hauptstudium auf die Zoll-Studenten. Dieses ist in drei Abschnitte unterteilt, die durch zwei Praktika ergänzt werden. Im Hauptstudium können durch Wahlpflichtfächer eigene Schwerpunkte gesetzt werden. Der Studienabschluss beinhaltet eine Hausarbeit, sechs Klausuren und eine mündliche Prüfung. Wer sein Studium erfolgreich abschließt, verfügt im Anschluss über den akademischen Grad Diplom-Finanzwirt/in.

Nach der Ausbildung

Mit dem Abschluss der Ausbildung kommen Beamte im mittleren Dienst bei Hauptzollämtern, Zollfahndungsämtern, der Generalzolldirektion oder beim Wasserzoll zum Einsatz. Wer über eine entsprechende Eignung verfügt, kann zudem die Möglichkeit nutzen, durch ein Studium in den gehobenen Dienst aufzusteigen. Beamte in dieser Laufbahn sind vorzugsweise in Dienststellen der

Zollverwaltung aktiv. Aufstiegsmöglichkeiten bieten sich beispielsweise durch ein Masterstudium. Hier kann der Studiengang „Staats- und Verwaltungswissenschaft“ infrage kommen.

Eine sehr gute Informationsseite mit vielen aktuellen Inhalten (Erfahrungsberichte, Videos, kostenlose Tests etc.) zum Zoll-Einstellungstest findest du auf *www.zoll-einstellungstest.de*.

Erfahrungsbericht einer Zollbewerberin

Kurz zu mir, mein Name ist Romina Herzig, ich bin 21 Jahre alt und habe bereits eine abgeschlossene Ausbildung als Bankkauffrau. Allerdings habe ich mich dazu entschlossen, dass ich nochmal etwas Neues machen möchte und habe mich so um eine Stelle als Zollbeamtin im mittleren Dienst beworben. Bei der Bewerbung gibt man sein Wunschhauptzollamt sowie ein „Ersatzhauptzollamt“ an.

Das Auswahlverfahren beim Zoll

Das Auswahlverfahren beim Zoll besteht aus einem schriftlichen Einstellungstest, einem Assessment Center und einem Vorstellungsgespräch. Einen Sporttest gibt es beim Zoll nicht mehr – stattdessen muss man das Deutsche Sportabzeichen (Bronze langt) vorlegen. Dies kann man entweder bei der Bewerbung mit abgeben oder man kann es bis zum 15. Juni des Einstellungsjahres einreichen. Das Sportabzeichen darf nicht älter als ein Jahr sein.

Nach Ablauf der Bewerbungsfrist habe ich relativ schnell die Einladung zum schriftlichen Einstellungstest erhalten. Auf der Website des Zolls unter *www.zoll.de* findet man Beispiele zum schriftlichen Test, diese sollte man vorher unbedingt durchgehen, da man so ein Gefühl für den Test bekommt. Die Aufgaben, die dort abgebildet sind, ähneln den Aufgaben des richtigen Tests. Außerdem solltet ihr euch etwas Allgemeinwissen aneignen.

Tag 1: Schriftlicher Einstellungstest

Der schriftliche Einstellungstest fand Anfang November statt. Ich war mit ca. 30 anderen Bewerbern in einem Raum – laut Prüfer waren insgesamt drei Räume für die Prüfungen belegt. Anfangs mussten wir unsere Einladung sowie unseren Personalausweis vorzeigen. Der Prüfer erklärte uns ausführlich den Ablauf des Tests. Am Platz sollte außer dem Testbogen und unserem Stift nichts mehr liegen. Essen und Trinken während des Tests waren erlaubt. Bitte achtet darauf, dass ihr zu dem Test pünktlich kommt. Vier Leute sind bei uns zu spät gekommen – der erste Eindruck zählt!

Für die Bearbeitung des Tests hat man dreieinhalb Stunden Zeit.

1. Teil – Sprachverständnis

Hier kamen Aufgaben zur Rechtschreibung, Grammatik und Textverständnis dran. Außerdem wurde überprüft, ob man einen Gesetzestext anwenden kann.

Beispielaufgaben:

Ein Text war gegeben und man sollte Rechtschreib- und Grammatikfehler anstreichen und verbessern. Ein weiterer Text war gegeben und zu diesem sollte man Fragen beantworten (Ankreuzaufgabe). Gesetzestexte waren gegeben und man sollte ankreuzen, welcher Sachverhalt zutreffend ist. Aufgaben wie Synonyme und Gegenteile kamen natürlich auch dran.

2. Teil – Zahlenverständnis

Der Matheteil war meiner Meinung nach machbar, mit diesem war ich auch am schnellsten fertig. Die Aufgaben bestanden aus

Dreisatz sowie Zins- und Prozentrechnung. Die Aufgaben waren zum Teil als Textaufgaben verpackt. Beispielaufgaben hierzu sind auch auf der Zoll-Website – leider fehlen hier die Lösungen.

3. Teil – Arbeitsprobe

Meiner Meinung nach die anspruchsvollste Aufgabe war die Arbeitsprobe. Diese ist mit einer Postkorbübung vergleichbar. Hier hatten wir Texte mit verschiedenen Sachverhalten bekommen – auch mit einigen Problemen. Dazu mussten wir einen Bericht schreiben und Lösungsvorschläge für die vorliegenden Probleme bringen. Die wichtigsten Informationen waren dem Text zu entnehmen, den man bekommen hat. Ich kann hier empfehlen, sich ein Schmierblatt zu nehmen und zunächst alles stichpunktartig aufzuschreiben. Nehmt euch für die Aufgabe ausreichend Zeit. Hier kann man gut Punkte sammeln.

4. Teil – Allgemeinwissen

Zu guter Letzt kamen Fragen zum Allgemeinwissen dran. Es waren rund zehn Fragen, die lösbar waren.

Ich war vor den dreieinhalb Stunden fertig. Der Test gilt als bestanden, wenn man mindestens 50 von 100 Punkten erreicht hat. Fazit: Macht euch nicht verrückt! Bereitet euch vor, dann ist der Test machbar. Die Zeit reicht vollkommen aus.

Kurz vor Weihnachten erhielt ich die Zusage zum mündlichen Auswahlverfahren. Auf das mündliche Auswahlverfahren habe ich mich natürlich auch gut vorbereitet. Ich habe mir Stichpunkte zum Interview gemacht und mir Antworten auf die typischen Fragen, wie Stärken und Schwächen, überlegt. Außerdem, was auch hier wieder zu empfehlen ist, schaut euch genauestens die Website des Zolls an.

Tag 2: Gruppenübung/Rollenspiel/Interview

Da es sich um ein Vorstellungsgespräch handelt, kleidet euch dementsprechend angemessen. Ich hatte eine Bluse und einen Blazer an. Achtet auch auf euer Schuhwerk, lasst die Turnschuhe an dem Tag lieber im Schuhschrank.

Beginn war um 8:30 Uhr. Wir waren an diesem Tag nur zu dritt, da eine andere Bewerberin nicht aufgetaucht ist. Wir drei Bewerber hatten ungefähr alle ein ähnliches Alter. Eine Mitarbeiterin des Zolls erklärte uns ausführlich den Tagesablauf und beantwortete uns noch offene Fragen. Wir begannen mit der Gruppendiskussion, anschließend folgte das Rollenspiel und abschließend das Vorstellungsgespräch. Die Reihenfolge, wer als erstes beim Rollenspiel/Vorstellungsgespräch dran ist, wurde uns vorgegeben. Da wir nur zu dritt waren, ging es sehr schnell und wir waren um 13 Uhr mit allem durch.

Gruppendiskussion

Um 9 Uhr ging es mit der Gruppendiskussion los. Wir wurden in einen Raum gebeten, in dem die Prüfungskommission schon saß. Sie bestand aus zwei Frauen und zwei Männern. Außerdem war die Gleichstellungsbeauftragte auch mit im Raum. Alle waren sehr nett und haben sich kurz vorgestellt. Da wir nur zu dritt waren, wurde noch eine Zollbeamtin für die Diskussion dazu geholt.

Während der Diskussion habe ich die Prüfer überhaupt nicht mehr beachtet. Wir hatten zwei Minuten, um uns kurz Gedanken zu machen. Anschließend haben wir 15 Minuten diskutiert. Redet viel – aber nicht zu viel. Findet ein gutes Mittelmaß! Integriert Leute, die nicht so viel sagen. Wir kamen mit dem Thema gut zurecht. Die 15 Minuten waren schnell vorbei. Die Diskussion nahm mir auch einen Teil meiner Nervosität. Nach den 15

Minuten wurden wir wieder aus dem Raum geschickt und wurden nun nacheinander zum Rollenspiel geholt.

Rollenspiel

Ich war als Zweite dran. Das Rollenspiel geht etwa sieben Minuten. Bevor wir in den Raum gerufen wurden, hatten wir fünf Minuten Zeit, um uns in den Sachverhalt einzulesen. Das Rollenspiel haben wir mit einer Zollbeamtin geführt, die nicht zur Prüfungskommission gehört. Wir durften sie in dem Rollenspiel duzen.

Der Sachverhalt war folgender: Die Kollegin übernahm ständig die Außendienstarbeiten und ich durfte nur Innendienst machen. Wenn sie in den Außendienst ging, nahm sie lieber andere Kollegen mit. Ich musste sie darauf ansprechen und sagen, dass ich auch gerne beim Außendienst dabei sein möchte und nicht nur Innendienst machen will. Ziel war es, eine Lösung zu finden. Im Raum stand ein Tisch, an dem zwei Stühle standen. Die Person, die meine „Kollegin" war, saß mir an dem Tisch gegenüber. Die Kollegin stellte sich auf stur, zeigte keine Einsicht und blockte ab. Hier fielen Sätze wie: „Du machst den Innendienst aber so gut.", „Mit dem anderen Kollegen bin ich jetzt aber schon eingespielt.". Lasst euch dadurch nicht beirren. Bleibt bei eurer Meinung, aber bleibt dabei höflich. Während des Rollenspiels ist die Zeit verflogen – die sieben Minuten waren sehr schnell vorbei.

Vorstellungsgespräch

Als Nächstes stand das Vorstellungsgespräch an. Auch hier war wieder eine sehr angenehme Atmosphäre und die Prüfer waren alle sehr nett. Ich saß an einem Tisch vor den Prüfern. Anfangs sollte ich mich vorstellen. Ich erzählte meinen Lebenslauf und antwortete auf Zwischenfragen. Die Prüfer machten sich alle Notizen. Jeder Prüfer stellte Fragen. Auf typische Fragen wie „Warum möchten Sie zum Zoll?" oder „Wie wurden Sie auf uns aufmerksam?“ sollte man natürlich vorbereitet sein. Es wurden auch sehr viele Fragen zum Ablauf der Ausbildung gestellt. Schaut euch die Website des Zolls genauestens an, die Aufgaben sowie den Ablauf der Ausbildung, Schulstandorte etc. Außerdem wurde ich gefragt, ob ich mich eher im Innendienst oder im Außendienst sehe. Bin ich sportlich? Kann ich mir vorstellen, eine Waffe zu tragen? Kann ich mir vorstellen, wegzuziehen? Das Gespräch war wirklich sehr entspannt. Nach 30 Minuten war auch dieses geschafft und ich durfte nach Hause gehen. Fazit: Alle waren sehr nett. Bereitet euch vor allem auf das Gespräch gut vor. Seid ihr selbst und immer höflich. Macht euch nicht verrückt, euch reißt dort niemand den Kopf ab.

Tag 3: Arzt

Zwei Tage später hatte ich den Brief in der Post: „Es ist beabsichtigt, Sie zum 1.8. einzustellen, wenn der Amtsarzt sein OK gibt.“ Ich musste hierzu einen Termin bei meinem zuständigen Gesundheitsamt vereinbaren, Kontaktdaten habe ich vom Hauptzollamt bekommen, da diese die Untersuchung veranlassen müssen. Jeder Amtsarzt führt die notwendige Untersuchung unterschiedlich durch. Es gibt keine Einheitsuntersuchung wie bei der Polizei. Ich wurde zu meinem Gesundheitsstand befragt, Herz und Lunge wurden abgehört und Reflexe wurden getestet. Eine Urinuntersuchung gab es bei mir nicht. Aber wie gesagt, das handhabt jeder Amtsarzt unterschiedlich, die Untersuchung kann bei euch strenger oder lockerer ausfallen. Ich wurde vom Amtsarzt als tauglich eingestuft. Allerdings habe ich mich letztendlich für die Ausbildung bei der Bundespolizei entschieden, da diese einfach besser zu mir passt.

Es handelt sich hierbei um einen echten Erfahrungsbericht einer Bewerberin. Bitte bedenke, dass sich Einstellungstests ändern können und somit keine Gewähr für die Richtigkeit der Inhalte übernommen werden kann.

Fachspezifische Aufgaben zum Zoll

1. Welchem Ministerium ist die Bundeszollverwaltung unterstellt?
a) Bundesministerium für wirtschaftliche Zusammenarbeit und Entwicklung
b) Bundesministerium für Wirtschaft und Energie
c) Auswärtiges Amt
d) Bundesministerium der Finanzen

2. Wo hat die Bundeszollverwaltung ihren Hauptsitz?
a) Bonn
b) Berlin
c) Bonn und Berlin
d) Hamburg

3. Die Europäische Union gibt für Zigaretten eine Freimenge vor. Wie hoch ist diese?
a) 200 Stück
b) 800 Stück
c) 2.000 Stück
d) 400 Stück

4. Die Europäische Union gibt für Spirituosen ab 15 % vol. eine Freimenge vor. Wie hoch ist diese?
a) 20 Liter
b) zehn Liter
c) 60 Liter
d) fünf Liter

5. Wo darf der Zoll hinter Grenzen an Land uneingeschränkt kontrollieren?
a) nur direkt an der Grenze
b) bis zu 30 Kilometer nach der Grenze
c) uneingeschränkt im gesamten Bundesgebiet
d) Der Zoll darf nicht uneingeschränkt kontrollieren.

6. Ab welchem Warenwert müssen Waren, die über einen Flughafen eingeführt werden, angemeldet sein?
a) 10.000 €
b) 430 €
c) 1.000 €
d) 100 €

7. Welche der folgenden Tätigkeiten zählt nicht zu den Aufgaben des Zolles?
a) Terrorismusbekämpfung
b) Schwarzarbeitsbekämpfung
c) Verbraucherschutz
d) Instandhaltung der Verkehrswege

8. In welcher Sportart stellt der Zoll ein eigenes Team?
a) Fußball – Fußballklub des Zolls
b) Skifahren – Zoll Ski Team
c) Laufen – Marathonstaffelgruppe Hauptzollamt
d) Eishockey – Zoll Hockey Team

9. Wo befindet sich das Deutsche Zollmuseum?
a) Hamburg
b) Berlin
c) München
d) Köln

10. Welchen Abschluss benötigt man für den gehobenen Dienst beim Zoll?
a) mindestens Fachhochschulreife
b) mindestens Abitur
c) mindestens Realschulabschluss
d) Es wird kein Abschluss vorausgesetzt.

11. Für eine Bekannte bestellst du in den USA ein Geschenk. Was gibt es zu beachten?
a) Nichts, da es sich um eine Geschenksendung handelt.
b) Je nach Warenwert muss ich Abgaben an den Zoll abführen.
c) Ich muss die Ware im Vorhinein anmelden.
d) Ich darf die Bestellung nicht ausführen.

12. Wann darf der Zoll ein Plüschkaninchen beschlagnahmen?
a) wenn es aus echtem Kaninchenfell besteht
b) wenn es zu Unrecht als „handmade in Germany“ gekennzeichnet ist
c) wenn es nicht wenigstens bei 60 Grad gewaschen werden darf
d) wenn es wie ein Wüstenfuchs aussieht

13. Was ist ein Totalembargo?
a) Alle Dienstleistungen an den Embargo-Adressaten sind untersagt.
b) Alle Informationsgeschäfte mit dem Embargo-Adressaten sind untersagt.
c) Es gibt kein Totalembargo.
d) Jeglicher Handel mit dem Embargo-Adressaten ist untersagt.

14. Welches Land ist mit einem Waffenembargo belegt?
a) Indien
b) Syrien
c) Nigeria
d) Iran

15. Was dürfen Personen, die nach Deutschland einreisen, ausnahmsweise dokumentenfrei für den eigenen persönlichen Gebrauch im persönlichen Gepäck mitführen?
a) bis zu 300 Gramm Schildpatt
b) bis zu 500 Gramm Elfenbein
c) bis zu vier tote Seepferdchen
d) bis zu drei Haiflossen

16. Was darf keinesfalls ohne zollrechtliche Anmeldung und Genehmigung nach Deutschland?
a) Perserkatzen
b) Süßwasserschildkröten
c) Maine Coon Katzen
d) Elefantenfüße

17. Bei der Einreise in die EU müssen Barmittel schriftlich angemeldet werden, ab einer Höhe von ...
a) 1.000 Euro.
b) 10.000 Euro.
c) 20.000 Euro.
d) 200.000 Euro.

18. Bei der Einreise oder Wiedereinreise nach Deutschland dürfen Arzneimittel ...
a) für einen Bedarf von maximal drei Monaten je Arzneimittel eingeführt werden.
b) nicht eingeführt werden.
c) uneingeschränkt eingeführt werden.
d) für einen Bedarf von maximal drei Jahren je Arzneimittel eingeführt werden

19. Der Deutsche Zollverein war im 19. Jahrhundert eine Zollunion von Staaten des Deutschen Bundes. Wann trat der Zollvereinigungsvertrag in Kraft?
a) 1834
b) 1888
c) 1852
d) 1801

20. Nehmen deutsche Zollbeamte an internationalen Einsätzen teil?
a) ja, aber nur innerhalb der EU
b) ja
c) ja, aber nur mit Zustimmung der amerikanischen Zollbeamten
d) nein

Lösungen: Fachwissen Zoll

1. d)	8. b)	15. c)
2. c)	9. a)	16. d)
3. b)	10. a)	17. b)
4. b)	11. b)	18. a)
5. b)	12. b)	19. a)
6. b)	13. d)	20. b)
7. d)	14. d)	

Online-Trainings und Support

Plakos Online-Bewerber-Training

Wie bereits im ersten Kapitel kurz angedeutet, bieten wir für besonders motivierte Bewerber ein spezielles Online-Bewerber-Training auf *www.plakos-akademie.de* an.

Im Online-Bewerber-Training kannst du über 50 verschiedene Testtypen und über 1.000 Fragen und Aufgaben online direkt in deinem Browser üben. Das Programm funktioniert auf jedem internetfähigen Endgerät – also auch auf deinem Smartphone!

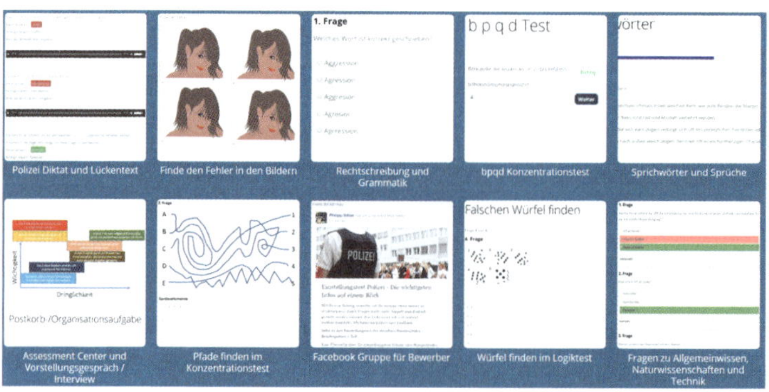

Im Mitgliederbereich stehen dir über zwei Stunden an Videomaterial speziell zu den Themen Vorstellungsgespräch und Assessment Center zur Verfügung. Aber auch für die Vorbereitung auf den Sporttest bei der Polizei bieten wir spannende Inhalte aus erster Hand.

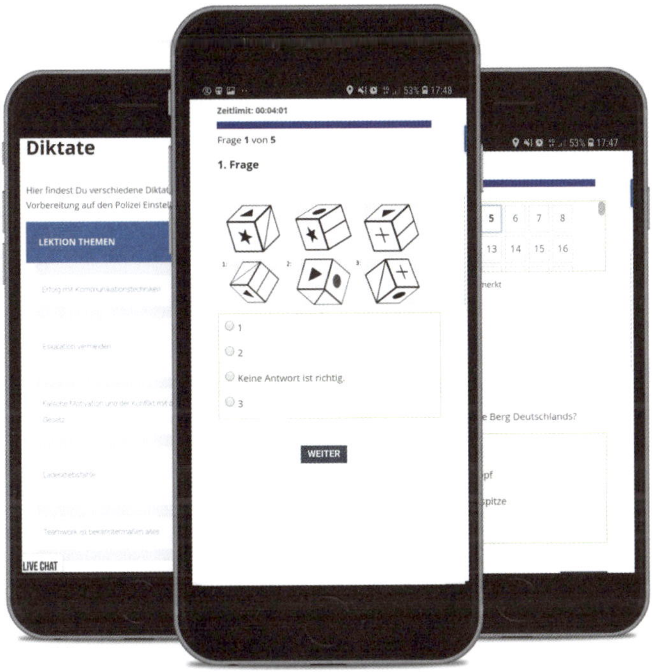

Selbstverständlich zeigen wir dir für jeden Test und jede Lektion einen Fortschritt an und setzen einen Haken, wenn du eine Aufgabe bereits bearbeitet hast. So kannst du jederzeit deinen eigenen Lernerfolg überprüfen.

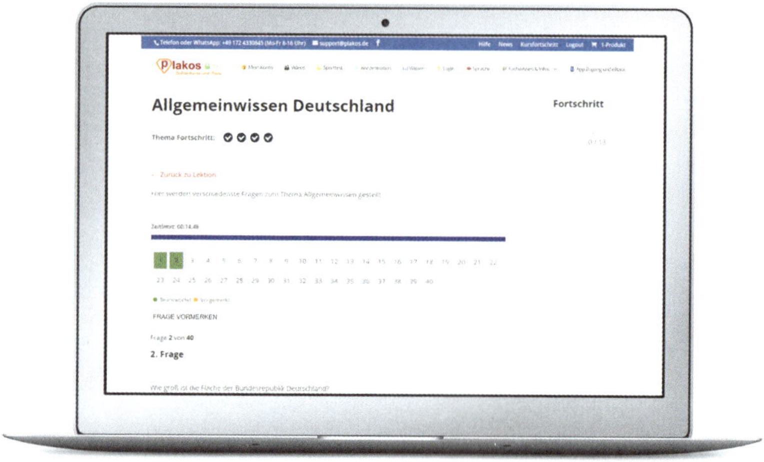

Tausende Bewerberinnen und Bewerber trainieren jährlich mit unseren Online-Trainings, um anschließend mit mehr Selbstbewusstsein und Wissen in ihr Auswahlverfahren zu gehen. Nachfolgend findest du einige Kundenstimmen zu unseren Programmen und Videos.

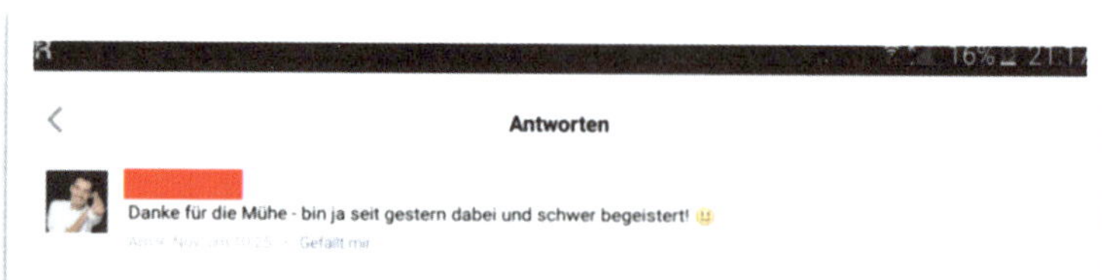

Lukas Lauble vor 5 Monaten
Gutes video! Sehr aufschlussreich
Antworten · 1

Plakos vor 5 Monaten
Lukas Lauble Dankeschön :)
Antworten · 2

Christoph Knaub vor 1 Jahr
Ich bin das ganze immer total falsch angegangen... Bei den leteren habe ich immer nach Bauchgefühl entschieden.

Vielen Dank für das Video es hat mir sprich wörtlich die Augen geöffnet
Antworten ·

Plakos vor 10 Monaten
Super, das freut uns :)
Antworten ·

„Ich habe den Computer-Test erfolgreich absolviert und ohne Probleme bestanden. Danke liebes Plakos Team!“

Lenja, Bewerberin

Da du bereits dieses Buch erworben hast, möchten wir dir an dieser Stelle einen Gutschein für unsere Online-Programme in Höhe von 20 Euro schenken.

Die folgende Kurzanleitung beschreibt dir, wie du den Gutschein einlösen kannst:

1. Öffne den Browser auf deinem Smartphone, Tablet oder deinem Desktopcomputer.
2. Gebe die folgende URL in die Adresszeile ein: ***www.plakos-akademie.de***
3. Wähle ein zu dir passendes Online-Trainingsprogramm.
4. Gib am Ende des Bestellprozesses den folgenden Gutscheincode ein (ohne Anführungszeichen):

Gutscheincode: **„BuchRabatt20“**

Bitte beachte, dass der Gutscheincode erst ab einem Bestellwert von 30 Euro genutzt werden kann. Alle weiteren Informationen findest du auf der genannten Website.

Bei Fragen kannst du gerne eine E-Mail an *phil@plakos.de* senden.

Support

Wenn du bis hierhin alle Aufgaben durchgearbeitet hast und deine eigenen Fehler kritisch hinterfragt hast, dann bist du auf dem besten Weg, deinen Einstellungstest erfolgreich zu bestehen. Jetzt geht es nur noch darum, Ruhe zu bewahren und fokussiert zu bleiben.

Falls du Fragen oder Anregungen zu diesem Buch hast, kannst du uns gerne eine E-Mail an *phil@plakos.de* schreiben.

Wenn du mit unserem Buch zufrieden bist, würden wir uns sehr über eine Weiterempfehlung oder eine positive Bewertung freuen. Das würde uns wirklich viel bedeuten.

Wenn du negatives Feedback für uns hast, dann schreib uns am besten eine E-Mail und wir werden alles dafür tun, eine Lösung für das Problem zu finden.

Wir wünschen dir nur das Beste für deinen Test und drücken dir ganz fest die Daumen!

Herzliche Grüße aus Barnitz
Philipp Silbernagel und Waldemar Erdmann

Bonus: Informative Online-Inhalte und Communities

Hunderte kostenlose Online-Tests

www.plakos.de

Online-Trainings und weitere Informationen

Verschiedene Berufe

www.plakos-akademie.de

Polizei (Deutschland)

www.eignungsauswahlverfahren.de

Polizei (Österreich)

www.aufnahme-polizei.at

Bundeswehr

www.bundeswehr-einstellungstest.de

Zoll

www.zoll-einstellungstest.de

Feuerwehr

www.einstellungstest-feuerwehr.de

Facebook-Gruppen

Polizei- und Zoll-Einstellungstest

www.facebook.com/groups/polizeieinstellungstest

Bundeswehr-Einstellungstest

www.facebook.com/groups/bundeswehreinstellungstest

Feuerwehr-Einstellungstest

www.facebook.com/groups/einstellungstestfeuerwehr